Découvrez des Jeux Gratuits en Ligne

Disponible Ici :

**BestActivityBooks.com/FREEGAMES**

# 5 ASTUCES POUR DÉMARRER !

## 1) COMMENT RÉSOUDRE LES MOTS MÊLÉS

Les puzzles sont dans un format classique :

- Les mots sont cachés sans espaces, tirets, ...
- Orientation : Les mots peuvent être écrits en avant, en arrière, vers le haut, vers le bas ou en diagonale (ils peuvent être inversés).
- Les mots peuvent se chevaucher ou se croiser.

## 2) UN APPRENTISSAGE ACTIF

Un espace est prévu à côté de chaque mots pour noter la traduction. Pour favoriser un apprentissage actif un **DICTIONNAIRE** à la fin de cette édition vous permettra de vérifier et étendre vos connaissances. Cherchez et notez les traductions, trouvez-les dans le Puzzle et ajoutez-les à votre vocabulaire !

## 3) MARQUEZ LES MOTS

Vous pouvez inventer votre propre système de marquage. Peut-être en utilisez-vous déjà un ? Sinon, vous pourriez, par exemple, marquer les mots qui ont été difficiles à trouver d'une croix, ceux que vous avez aimés d'une étoile, les mots nouveaux d'un triangle, les mots rares d'un diamant, etc...

## 4) STRUCTUREZ VOTRE APPRENTISSAGE

Cette édition vous offre un **CARNET DE NOTES** très pratique à la fin du livre. En vacances ou en voyage ou à la maison, vous pouvez facilement organiser vos nouvelles connaissances sans avoir besoin d'un second bloc-notes !

## 5) VOUS AVEZ FINI TOUTES LES GRILLES ?

Allez à la section bonus **CHALLENGE FINAL** pour trouver un jeu gratuit à la fin de cette édition !

**Simple et Rapide !** Découvrez notre collection de livres d'activités pour votre prochain moment de détente et **d'apprentissage**, à juste un clic de distance !

Trouvez votre prochain défi sur :

BestActivityBooks.com/MonProchainLivre

# À vos marques, prêts... Partez !

Saviez-vous qu'il existe environ 7 000 langues différentes dans le monde ? Les mots sont précieux.

Nous aimons les langues et avons travaillé dur pour créer les livres de la plus haute qualité pour vous. Nos ingrédients ?

Une sélection des thématiques d'apprentissage adaptée, trois belles parts de divertissement, puis nous ajoutons une cuillère de mots difficiles et une pincée de mots rares. Nous les servons avec soin et un maximum de plaisir pour vous permettre de résoudre les meilleurs jeux de mots mêlés qui soient et d'apprendre en vous amusant !

-------

Votre avis est essentiel. Vous pouvez participer activement au succès de ce livre en nous laissant un commentaire. Nous aimerions vraiment savoir ce que vous avez préféré dans cette édition !

Voici un lien rapide qui vous mènera à la page d'évaluation de vos commandes :

## BestBooksActivity.com/Avis50

Merci pour votre aide et amusez-vous bien !

*De la part de toute l'équipe*

# 1 - Adjectifs #2

```
T  S  L  Ő  E  G  É  S  Z  S  É  G  E  S  M
S  E  S  L  O  E  C  G  N  I  U  Y  V  M  O
F  K  R  E  S  D  T  T  W  V  F  B  X  N
E  E  U  M  R  A  Z  Z  W  U  U  Y  Ú  J  A
A  D  L  R  É  N  Y  T  T  L  K  T  R  U  D
V  R  R  E  H  S  Ó  S  S  E  L  E  T  I  H
Í  É  N  T  L  U  Z  P  N  Í  Z  H  B  M  O
T  C  A  R  M  Ő  C  E  T  R  L  E  Ü  F  J
A  I  F  P  Y  N  S  I  T  Ó  Z  T  S  D  S
E  B  S  E  R  Ő  S  B  T  E  W  S  Z  X  P
R  U  O  Z  A  R  Á  Z  S  K  S  É  K  J  I
K  O  M  Z  T  V  P  W  H  N  M  G  E  O  E
K  H  L  Y  D  A  V  M  N  R  S  E  R  Í  H
D  R  Á  M  A  I  C  A  Z  S  Y  S  L  K  K
M  O  M  D  H  V  E  L  E  G  Á  N  S  Z  N
```

| | |
|---|---|
| HITELES | TERMÉSZETES |
| HÍRES | ÚJ |
| KREATÍV | TERMELŐ |
| LEÍRÓ | TISZTA |
| TEHETSÉGES | FELELŐS |
| DRÁMAI | EGÉSZSÉGES |
| ELEGÁNS | SÓS |
| BÜSZKE | VAD |
| ERŐS | SZÁRAZ |
| ÉRDEKES | ÁLMOS |

# 2 - Formes

```
P O V Á L I S C J S Z S F D K
Ú I T U D C I B Y K A T M M O
K F R P P L J M O W W R V X C
Y W W A L O B R E P I H O K K
U V F L M P O L I G O N N K A
G H Z A A I P R I Z M A E N P
Ö Á L L R K S I Z S P I L L E
M R A G É L E K L Í E K E C O
B O N É G Y Z E T K V A T H O
N M O T G J Z R Y Ö W Z G E D
F S V B U D R E A R O M X N R
F Z G J W Y C K O L D A L G J
L Ö B U A Y J W Y X H P M E X
C G X O P Z H Y U H L G S R D
E K R A G A W Z G O P S H K U
```

| | |
|---|---|
| ÍV | HIPERBOLA |
| ÉLEK | VONAL |
| NÉGYZET | OVÁLIS |
| KÖR | POLIGON |
| SAROK | PRIZMA |
| KÚP | PIRAMIS |
| OLDAL | TÉGLALAP |
| KOCKA | KEREK |
| HENGER | GÖMB |
| ELLIPSZIS | HÁROMSZÖG |

# 3 - Force et Gravité

```
M  F  M  W  J  H  T  K  V  C  S  Ú  L  Y  B
O  E  Á  T  C  G  Á  S  L  O  V  Á  T  N  O
Z  L  G  Y  H  S  D  É  T  X  O  T  T  Y  L
G  F  N  I  R  L  J  D  C  F  H  E  D  O  Y
Á  E  E  N  D  P  O  E  D  A  N  N  D  M  G
S  D  S  B  V  Ő  C  K  H  S  L  G  Y  Á  Ó
T  E  E  C  M  C  E  Z  W  A  V  E  U  S  K
N  Z  S  D  W  O  G  S  Á  D  Ó  L  R  Ú  S
O  É  S  E  M  E  T  E  Y  G  E  Y  G  E  B
P  S  É  T  N  K  E  J  B  F  H  A  T  Á  S
Z  Á  G  B  D  M  D  R  A  P  I  R  D  N  Y
Ö  P  L  J  E  D  F  E  G  K  Z  Z  F  K  J
K  S  C  Y  D  E  N  T  U  J  T  V  I  P  A
N  F  P  B  A  K  I  N  A  H  C  E  M  K  W
T  U  L  A  J  D  O  N  S  Á  G  O  K  B  A
```

| | |
|---|---|
| TENGELY | MOZGÁS |
| KÖZPONT | PÁLYA |
| FELFEDEZÉS | FIZIKA |
| TÁVOLSÁG | BOLYGÓK |
| TERJESZKEDÉS | SÚLY |
| SÚRLÓDÁS | NYOMÁS |
| HATÁS | TULAJDONSÁGOK |
| MÁGNESESSÉG | IDŐ |
| MECHANIKA | EGYETEMES |

# 4 - Adjectifs #1

```
A  M  B  I  C  I  Ó  Z  U  S  E  D  A  Á  Ő
Y  W  M  R  L  L  I  M  S  S  A  F  D  R  S
T  Y  A  P  Z  J  S  L  O  H  M  A  V  T  Z
W  R  R  V  É  K  O  N  Y  D  A  F  S  A  I
V  S  O  N  O  Z  A  E  Ó  H  E  O  K  T  N
O  O  M  E  M  A  S  H  W  R  F  R  H  L  T
N  T  Á  G  Ű  R  B  C  J  U  I  V  N  A  E
Z  N  S  Z  V  Í  T  K  A  D  O  Á  A  N  M
Ó  O  Y  O  É  B  E  G  Z  E  I  R  S  T  K
W  F  F  T  S  X  B  P  P  H  A  F  P  I  M
N  T  P  I  Z  É  H  E  N  U  Y  I  I  V  U
I  P  M  K  I  L  A  S  S  Ú  S  A  W  N  H
I  W  G  U  Y  E  V  N  W  J  L  T  H  F  O
M  Z  R  S  Ű  K  L  E  L  Y  G  A  N  S  M
A  B  S  Z  O  L  Ú  T  K  N  N  L  R  N  V
```

| | |
|---|---|
| ABSZOLÚT | ŐSZINTE |
| AKTÍV | AZONOS |
| AMBICIÓZUS | FONTOS |
| AROMÁS | ÁRTATLAN |
| MŰVÉSZI | FIATAL |
| VONZÓ | LASSÚ |
| SZÉP | NEHÉZ |
| EGZOTIKUS | VÉKONY |
| ÓRIÁSI | MODERN |
| NAGYLELKŰ | |

# 5 - Instruments de Musique

```
B  N  I  L  O  D  N  A  M  Z  V  G  Y  M  G
C  S  Ö  R  G  Ő  D  O  B  O  D  I  S  A  L
T  P  H  T  U  C  O  I  F  B  Y  T  L  R  L
T  R  B  A  X  Y  C  G  B  O  F  Á  H  I  D
O  O  O  P  R  K  L  O  V  D  X  R  Y  M  W
G  C  T  M  K  M  K  N  E  X  T  A  H  B  T
A  R  P  D  B  D  O  G  A  W  L  F  Z  A  Y
F  O  B  O  A  I  U  N  Z  R  Y  R  U  S  H
T  F  L  A  I  C  T  U  I  A  J  Á  U  K  E
P  U  O  F  B  E  A  A  C  K  F  H  X  C  G
C  V  Z  O  N  G  O  R  A  M  A  A  B  W  E
Y  O  H  A  R  A  N  G  J  Á  T  É  K  P  D
R  L  K  L  A  R  I  N  É  T  R  N  Y  O  Ű
O  A  H  A  R  S  O  N  A  C  S  E  L  L  Ó
B  E  N  D  Z  S  Ó  L  T  A  H  L  P  V  V
```

| | |
|---|---|
| BENDZSÓ | MANDOLIN |
| FAGOTT | MARIMBA |
| HARANGJÁTÉK | ZONGORA |
| KLARINÉT | SZAXOFON |
| FUVOLA | DOB |
| GONG | CSÖRGŐDOB |
| GITÁR | HARSONA |
| HARMONIKA | TROMBITA |
| HÁRFA | HEGEDŰ |
| OBOA | CSELLÓ |

# 6 - Échecs

```
K  I  R  Á  L  Y  L  B  Z  R  É  H  E  F  S
H  X  B  U  B  R  K  R  T  W  Y  G  L  L  T
M  B  H  E  P  R  R  P  W  H  X  V  L  J  R
K  I  R  Á  L  Y  N  Ő  J  Z  A  Í  E  T  A
É  O  S  O  K  É  T  Á  J  K  L  Z  N  A  T
T  O  N  Z  G  G  K  J  O  K  O  S  F  N  É
Á  B  Á  J  A  J  O  X  Y  A  M  S  É  U  G
J  U  L  L  A  B  S  Ó  L  T  Á  A  L  L  I
V  G  D  I  S  B  Á  V  N  A  T  P  A  N  A
D  V  O  U  D  Y  V  L  P  N  L  M  N  I  F
N  K  Z  U  H  Ő  Í  G  Y  N  E  S  R  E  V
P  S  A  X  W  X  H  Z  K  O  J  F  O  U  V
Z  O  T  F  M  J  I  H  Z  E  K  R  T  P  Z
B  E  X  Z  K  M  K  É  T  M  R  G  M  O  T
F  E  K  E  T  E  M  P  O  N  T  O  K  V  Y
```

| | |
|---|---|
| ELLENFÉL | FEKETE |
| TANULNI | PASSZÍV |
| FEHÉR | PONTOK |
| BAJNOK | KIRÁLYNŐ |
| VERSENY | SZABÁLYOK |
| KIHÍVÁSOK | KIRÁLY |
| ÁTLÓS | ÁLDOZAT |
| OKOS | STRATÉGIA |
| JÁTÉK | IDŐ |
| JÁTÉKOS | TORNA |

# 7 - Herboristerie

```
V P R B T Y X Y T A B M Y T K
F I E N D A N N Á R O J A M O
H X R T B L H Á R C Y I J F N
Y G F Á R B K R K A T R M G Y
N M A A G E X F O R A F T A H
É O L M O G Z Á N U Z S N J A
M K U T X V Í S Y E O N M J I
Ö I D O Ő V E T E Z S S Ö E Z
K L N K E R T X J L M K M L Ö
S A E Ő G M O L C L Y F K Ő L
E S V R S A R O M Á S E W N D
D Z E H K É M E N T A Y M Y R
É A L A M Y G A H K O F V Ö B
G B K A K U K K F Ű E J V S K
C R O Z M A R I N G U P C K N
```

| | |
|---|---|
| FOKHAGYMA | LEVENDULA |
| AROMÁS | MAJORÁNNA |
| BAZSALIKOM | MENTA |
| ELŐNYÖS | PETREZSELYEM |
| KONYHAI | MINŐSÉG |
| TÁRKONY | ROZMARING |
| ÉDESKÖMÉNY | SÁFRÁNY |
| VIRÁG | ÍZ |
| ÖSSZETEVŐ | KAKUKKFŰ |
| KERT | ZÖLD |

# 8 - Véhicules

```
M G L X V L N N G Y X A I N A
T R A K T O R Z S U B E A M S
L H F R K V O S F M M M W U D
A O S Z K Y T L T E K I W B L
K M M V D N O I M A K P K O D
Ó J A H K O M P F U R G O N F
K R Á P K É R E K I K S Z X N
O Ó T U A Ő T N E M Y P R T V
C T D E V O N A T G N S O A I
S U Y S M F E S P A G K B X H
I A T T D B O K E W C Y O I E
P H W U T N E R H W M L G L I
U K R E T P O K I L E H Ó B U
M A P P K A R E P Ü L Ő G É P
R A K É T A J W L A N P A Y T
```

MENTŐAUTÓ          MOTOR
REPÜLŐGÉP          GUMIK
HAJÓ               TUTAJ
BUSZ               ROBOGÓ
KAMION             TAXI
LAKÓKOCSI          TRAKTOR
KOMP               VONAT
RAKÉTA             FURGON
HELIKOPTER         KERÉKPÁR
METRÓ              AUTÓ

# 9 - Camping

```
F  Z  V  Z  J  U  X  H  Ó  T  K  J  A  F  O
Ü  U  G  A  V  L  G  L  C  T  É  M  O  F  J
G  S  L  U  D  F  A  Y  R  A  K  R  F  S  E
G  M  J  N  E  Á  H  O  L  D  A  A  K  D  D
Ő  D  R  E  E  M  S  W  Y  W  L  V  C  É  L
Á  Y  D  K  A  J  E  Z  Ű  T  A  O  E  G  P
G  Z  Z  V  J  F  R  I  A  Y  N  R  E  K  A
Y  T  E  Z  S  É  M  R  E  T  D  O  U  S  L
T  W  R  F  A  P  M  Á  L  X  P  T  C  Z  A
U  A  L  P  A  F  K  N  C  É  R  Á  E  T  K
A  P  I  C  O  A  S  Y  W  Y  T  S  M  Z  T
Y  E  X  W  H  N  P  T  F  V  V  Ö  Z  K  H
D  K  A  B  I  N  F  Ű  N  C  F  O  K  F  E
D  W  K  F  E  L  S  Z  E  R  E  L  É  S  G
Á  L  L  A  T  O  K  P  U  C  P  O  M  L  Y
```

| | |
|---|---|
| ÁLLATOK | TŰZ |
| KALAND | ERDŐ |
| IRÁNYTŰ | FÜGGŐÁGY |
| KABIN | ROVAR |
| KENU | TÓ |
| TÉRKÉP | LÁMPA |
| KALAP | HOLD |
| VADÁSZAT | HEGY |
| KÖTÉL | TERMÉSZET |
| FELSZERELÉS | SÁTOR |

# 10 - Écologie

```
Ö  F  E  N  N  T  A  R  T  H  A  T  Ó  F  H
Z  N  Z  P  F  N  I  O  K  G  N  B  D  A  E
B  S  K  O  S  Á  R  R  O  F  U  I  L  J  G
M  O  W  É  H  O  E  H  S  M  A  F  N  T  Y
T  O  I  L  N  Y  G  I  T  J  F  K  A  A  E
C  V  C  I  E  T  N  C  F  Ú  J  I  S  X  K
N  U  U  S  J  X  E  B  K  X  L  S  D  L  E
Ö  U  D  O  Á  Z  T  S  F  A  J  É  J  M  G
V  P  I  Z  Z  R  J  H  E  L  G  Y  L  N  É
É  W  G  É  S  E  L  É  F  K  O  S  H  É  S
N  N  Ö  V  É  N  Y  V  I  L  Á  G  N  K  S
Y  A  S  Z  Á  L  Y  L  E  H  Ő  L  É  X  Ö
E  T  E  R  M  É  S  Z  E  T  E  S  M  M  Z
K  M  I  X  É  G  H  A  J  L  A  T  A  E  Ö
C  Z  S  N  T  E  R  M  É  S  Z  E  T  U  K
```

ÖNKÉNTESEK
ÉGHAJLAT
KÖZÖSSÉGEK
SOKFÉLESÉG
FENNTARTHATÓ
FAJ
FAUNA
NÖVÉNYVILÁG
ÉLŐHELY
MOCSÁR

TENGERI
HEGYEK
TERMÉSZET
TERMÉSZETES
NÖVÉNYEK
FORRÁSOK
ASZÁLY
TÚLÉLÉS
FAJTA

# 11 - Géométrie

```
F  D  I  M  E  N  Z  I  Ó  P  K  K  R  G  Y
E  E  S  Z  L  O  K  B  K  Á  O  Ö  P  G  Y
L  N  L  S  Y  W  N  G  X  R  S  K  R  Ö  J
Ü  V  N  M  T  I  Á  B  V  H  P  F  D  Z  B
L  H  S  Á  É  G  I  K  E  U  K  F  M  S  S
E  S  Z  Z  W  L  D  G  K  Z  B  T  Z  M  O
T  R  I  S  F  L  E  C  G  A  K  I  G  O  L
Í  V  M  Ő  R  É  M  T  Á  M  A  A  A  R  E
T  O  M  N  T  S  K  B  S  O  H  R  D  Á  G
W  P  E  U  O  X  E  N  S  S  V  Á  K  H  Y
W  L  T  T  K  P  W  P  A  G  T  N  W  F  E
V  L  R  A  Y  Y  M  K  G  S  Ö  Y  I  F  N
K  H  I  Y  I  H  Y  M  A  O  M  Z  U  S  L
H  J  A  S  D  S  N  E  M  G  E  Z  S  Z  E
S  Z  Á  M  Í  T  Á  S  C  B  G  A  U  P  T
```

| | |
|---|---|
| SZÖG | MEDIÁN |
| SZÁMÍTÁS | SZÁM |
| KÖR | PÁRHUZAMOS |
| ÍV | ARÁNY |
| ÁTMÉRŐ | SZEGMENS |
| DIMENZIÓ | FELÜLET |
| EGYENLET | SZIMMETRIA |
| MAGASSÁG | ELMÉLET |
| LOGIKA | HÁROMSZÖG |
| TÖMEG | |

# 12 - Les Médias

```
X  I  I  M  L  E  D  E  K  S  E  R  E  K  F
V  É  L  E  M  É  N  Y  H  F  N  A  R  E  S
D  I  G  I  T  Á  L  I  S  Á  I  P  E  P  K
B  G  I  W  D  Z  E  O  U  I  L  I  C  É  E
M  T  B  W  U  V  I  K  M  V  N  Ó  V  K  Y
E  G  Y  É  N  I  F  Y  I  V  O  L  Z  W  N
S  Z  E  L  L  E  M  I  F  A  O  F  O  A  É
A  T  T  I  T  Ű  D  Ö  K  O  D  D  Z  Ú  T
N  Y  I  L  V  Á  N  O  S  A  T  Á  W  J  M
Z  Y  K  R  Á  D  I  Ó  M  S  G  Ó  S  S  D
Z  D  K  N  O  K  T  A  T  Á  S  A  K  Á  Z
K  O  M  M  U  N  I  K  Á  C  I  Ó  O  G  X
T  E  L  E  V  Í  Z  I  Ó  Z  D  R  V  O  K
W  X  E  M  G  B  B  Y  W  K  U  E  P  K  L
G  O  O  O  N  E  G  Z  V  H  E  L  Y  I  E
```

| | |
|---|---|
| ATTITŰDÖK | SZELLEMI |
| KERESKEDELMI | ÚJSÁGOK |
| KOMMUNIKÁCIÓ | HELYI |
| ONLINE | DIGITÁLIS |
| KIADÁS | VÉLEMÉNY |
| OKTATÁS | FOTÓK |
| TÉNYEK | NYILVÁNOS |
| KÉPEK | RÁDIÓ |
| EGYÉNI | HÁLÓZAT |
| IPAR | TELEVÍZIÓ |

# 13 - Philanthropie

```
U  G  É  S  I  R  E  B  M  E  C  G  P  J  W
U  É  I  F  J  Ú  S  Á  G  Y  É  F  R  Ó  J
W  S  S  B  H  E  J  Y  W  O  L  A  O  T  O
D  E  I  P  H  K  M  W  B  C  O  K  G  É  G
K  T  H  H  Y  X  R  B  K  J  K  T  R  K  É
K  N  P  M  N  Z  E  W  E  T  X  K  A  O  S
E  I  H  N  G  A  D  X  S  R  K  S  M  N  Ű
K  Z  H  D  O  P  O  G  N  Z  E  G  O  Y  K
E  S  V  Í  S  É  T  E  D  L  Ü  K  K  S  L
M  Ő  J  V  V  M  E  U  K  Z  A  K  X  Á  E
R  M  S  I  L  Á  B  O  L  G  N  O  S  G  L
E  C  S  P  I  H  S  N  F  N  P  P  B  É  Y
Y  G  Ü  Z  N  É  P  O  H  F  L  A  E  J  G
G  É  S  S  Ö  Z  Ö  K  K  L  P  L  M  S  A
K  A  P  C  S  O  L  A  T  O  K  A  V  N  N
```

| | |
|---|---|
| SZÜKSÉG | EMBEREK |
| CÉLOK | NAGYLELKŰSÉG |
| JÓTÉKONYSÁG | GLOBÁLIS |
| KÖZÖSSÉG | ŐSZINTESÉG |
| KAPCSOLATOK | EMBERISÉG |
| KIHÍVÁSOK | IFJÚSÁG |
| GYERMEKEK | KÜLDETÉS |
| PÉNZÜGY | PROGRAMOK |
| ALAPOK | |

# 14 - Diplomatie

```
M U K B M N X O V V E K A D C
C G W O B M A V O I E L O S F
B U Ó K N F E G F T R C Z É S
P I D T I F R G Y A C P V D H
U S A E I H L C O K O T F Ö U
G Á S N O T Z I B L Ö V D K M
É T C F E P K S K U D V T Ű A
S I Á E K O O Z O T L Á E M N
S R N L Ü L R E R W U N S T I
Ö G A B L I M R Á A E S U T T
Z E T O F T Á Z G N E F H Ü Á
Ö T R N Ö I N Ő L H Y I K Y R
K N C T L K Y D O F Z S J G I
H I N Á D A C É P G Y S K E U
K T D S I J A S H E T I K A S
```

NAGYKÖVET
POLGÁROK
KÖZÖSSÉG
KONFLIKTUS
TANÁCSADÓ
EGYÜTTMŰKÖDÉS
VITA
ETIKA
KÜLFÖLDI

KORMÁNY
HUMANITÁRIUS
INTEGRITÁS
POLITIKA
FELBONTÁS
BIZTONSÁG
MEGOLDÁS
SZERZŐDÉS

# 15 - Astronomie

```
R  C  S  I  L  L  A  G  Á  S  Z  U  Ű  X  C
K  A  V  Ó  N  R  E  P  U  Z  S  X  R  U  S
A  E  K  O  R  O  E  T  E  M  E  A  H  K  I
Z  N  O  É  M  Ű  H  O  L  D  Y  B  A  P  L
H  O  L  D  T  K  O  Z  M  O  S  Z  J  S  L
A  V  A  B  S  A  Á  S  U  Y  F  T  Ó  Á  A
É  G  D  B  U  H  L  R  Z  P  U  D  S  Z  G
D  E  S  J  G  P  L  W  R  I  G  I  Ö  O  K
H  U  I  X  Á  R  A  I  E  V  B  B  X  K  É
F  X  X  W  R  P  T  Y  V  C  O  E  Y  T  P
K  Ö  A  H  Z  H  Ö  J  I  K  L  N  E  A  F
C  M  L  N  Á  O  V  V  N  F  Y  B  D  Y  B
Z  W  A  D  S  F  Y  Z  U  M  G  F  V  G  N
F  U  G  T  Á  V  C  S  Ő  H  Ó  V  N  O  G
J  B  A  S  Z  T  E  R  O  I  D  A  Z  F  O
```

| | |
|---|---|
| ASZTEROIDA | METEOR |
| ŰRHAJÓS | KÖDFOLT |
| CSILLAGÁSZ | BOLYGÓ |
| ÉG | SUGÁRZÁS |
| CSILLAGKÉP | MŰHOLD |
| KOZMOSZ | SZUPERNÓVA |
| FOGYATKOZÁS | FÖLD |
| RAKÉTA | TÁVCSŐ |
| GALAXIS | UNIVERZUM |
| HOLD | ÁLLATÖV |

# 16 - Physique

```
I  I  G  G  Z  J  A  K  I  N  A  H  C  E  M
A  K  W  E  Y  A  J  S  G  L  T  C  U  V  U
V  W  W  M  H  O  E  O  G  L  O  H  N  G  C
G  T  O  Ö  X  F  R  O  T  O  M  W  S  I  N
T  R  O  T  Y  Y  V  S  S  S  E  R  J  D
E  P  A  L  C  X  B  K  U  O  I  K  É  C  G
L  G  M  V  J  W  U  Á  E  L  R  M  S  B  I
P  A  Y  X  I  G  R  O  J  G  Á  R  Z  Á  G
É  X  K  E  F  T  O  S  F  P  E  S  E  B  L
K  C  F  S  T  A  Á  Z  J  H  L  N  C  T  B
S  L  U  O  N  E  F  C  N  U  K  G  S  B  D
V  I  M  L  P  V  M  T  I  J  U  F  K  P  O
K  É  M  I  A  I  U  E  Z  Ó  N  T  E  I  T
E  L  E  K  T  R  O  N  S  B  B  V  B  G  X
A  N  T  S  Ű  R  Ű  S  É  G  I  O  D  G  J
```

GYORSULÁS        GRAVITÁCIÓ
ATOM             TÖMEG
KÁOSZ            MECHANIKA
KÉMIAI           MOTOR
SŰRŰSÉG          NUKLEÁRIS
ELEKTRON         RÉSZECSKE
KÉPLET           EGYETEMES
GÁZ

# 17 - Types de Cheveux

```
H  R  M  O  H  S  A  W  G  Ö  N  D  Ö  R  D
P  U  H  A  U  Z  J  M  I  H  W  N  W  G  G
E  L  R  S  L  Ü  O  G  I  G  C  F  D  F  E
Z  M  M  P  L  R  F  W  E  V  R  E  L  T  G
M  V  H  G  Á  K  Ö  T  R  Ü  F  H  J  P  É
W  P  P  T  M  E  P  S  E  Y  N  É  F  I  S
D  M  T  T  O  N  O  F  K  N  B  R  G  H  Z
I  M  V  K  S  F  G  E  Ő  O  A  E  K  O  S
V  A  S  T  A  G  E  O  Z  K  R  V  S  S  É
Ö  E  S  M  T  T  O  K  S  É  N  T  K  S  G
R  F  Z  Z  F  H  T  M  E  V  A  P  H  Z  E
I  C  E  Ü  Á  G  Y  P  N  T  F  K  U  Ú  S
T  E  A  F  S  R  X  D  Í  P  E  H  F  H  W
P  X  J  M  Y  T  A  M  Z  S  K  Z  B  G  W
X  K  O  P  A  S  Z  Z  S  A  J  O  W  O  X
```

| | |
|---|---|
| EZÜST | GÖNDÖR |
| FEHÉR | SZÜRKE |
| SZŐKE | HOSSZÚ |
| FÜRTÖK | BARNA |
| FÉNYES | VÉKONY |
| KOPASZ | FEKETE |
| SZÍNES | HULLÁMOS |
| RÖVID | EGÉSZSÉGES |
| PUHA | SZÁRAZ |
| VASTAG | FONOTT |

# 18 - Archéologie

```
U  K  S  T  E  M  P  L  O  M  V  P  A  E  P
V  O  F  Z  C  S  O  N  T  O  K  J  N  S  R
É  R  F  A  A  T  H  A  O  D  B  S  E  T  O
R  S  E  O  Z  K  X  R  E  J  T  É  L  Y  F
T  Z  D  U  S  E  É  S  D  I  A  Z  T  C  E
É  A  N  L  C  S  K  R  M  S  P  M  E  I  S
K  K  Y  T  H  H  Z  A  T  N  A  E  R  V  S
E  E  Z  A  S  Í  R  I  S  Ő  S  L  E  I  Z
L  E  R  E  K  L  Y  E  L  S  C  E  M  L  O
É  W  H  W  W  D  C  E  O  I  Á  U  S  I  R
S  Z  U  I  F  Z  U  Z  V  R  S  G  I  Z  P
L  E  S  Z  Á  R  M  A  Z  O  T  T  Y  Á  F
O  B  J  E  K  T  U  M  O  K  R  X  O  C  X
K  U  T  A  T  Ó  J  F  R  Ó  Y  I  T  I  G
E  L  F  E  L  E  J  T  E  T  T  J  S  Ó  M
```

| | |
|---|---|
| ELEMZÉS | ISMERETLEN |
| ÓKOR | REJTÉLY |
| KUTATÓ | OBJEKTUMOK |
| CIVILIZÁCIÓ | CSONTOK |
| LESZÁRMAZOTT | ELFELEJTETT |
| SZAKÉRTŐ | FAZEKASSÁG |
| KORSZAK | PROFESSZOR |
| CSAPAT | EREKLYE |
| ÉRTÉKELÉS | TEMPLOM |
| FOSSZILIS | SÍR |

# 19 - Mammifères

```
Y  T  W  P  K  P  G  N  K  P  V  G  K  Z  X
R  A  T  O  N  T  B  A  T  V  L  O  E  E  C
F  X  E  V  L  A  L  Z  M  W  Ó  R  N  B  E
S  A  K  R  A  F  I  R  É  R  P  I  G  R  O
P  E  R  A  K  S  C  A  M  Z  C  L  U  A  Z
Y  L  A  K  B  R  V  L  W  H  P  L  R  U  W
V  E  O  Ó  A  L  B  L  G  E  G  A  U  V  I
T  F  G  R  T  S  I  J  D  A  H  E  K  J  U
J  Á  V  R  O  K  K  Z  S  I  R  Á  F  U  K
H  N  B  G  J  S  A  N  L  Á  B  Z  T  H  U
N  T  U  X  I  J  Z  T  I  G  R  I  S  E  T
O  Y  M  A  J  O  M  L  Z  C  F  L  J  V  Y
W  I  Ú  G  V  Z  Y  N  Á  D  E  X  R  D  A
H  F  O  L  J  B  A  X  T  N  I  F  L  E  D
F  W  P  O  V  Z  V  U  M  W  S  U  D  M  P
```

| | |
|---|---|
| BÁLNA | NYÚL |
| MACSKA | OROSZLÁN |
| LÓ | FARKAS |
| KUTYA | JUH |
| PRÉRIFARKAS | MEDVE |
| DELFIN | RÓKA |
| ELEFÁNT | MAJOM |
| ZSIRÁF | BIKA |
| GORILLA | TIGRIS |
| KENGURU | ZEBRA |

# 20 - Mathématiques

```
G  S  O  M  A  Z  U  H  R  Á  P  T  N  N  F
K  E  G  Ö  Z  S  Z  F  Á  E  A  Y  S  É  K
É  G  O  P  A  L  A  L  G  É  T  Z  C  G  F
D  E  K  M  X  M  P  E  U  Y  E  S  H  Y  Á
E  L  E  S  E  P  O  S  S  J  S  O  V  Z  T
R  Ő  R  Z  G  T  U  O  I  D  T  N  C  E  M
Ö  R  Ü  I  W  Ö  R  S  Z  Á  M  O  K  T  É
T  E  L  M  P  L  M  I  N  X  C  G  L  M  R
C  M  E  M  O  Ö  P  B  A  A  U  I  I  J  Ő
C  K  T  E  E  S  M  Y  T  X  H  L  L  R  V
H  B  H  T  G  S  P  G  M  Z  J  O  O  C  E
S  X  W  R  O  Z  V  H  Á  P  U  P  T  H  T
M  D  D  I  B  E  T  A  Z  D  L  V  Z  V  I
X  G  U  A  E  G  Ö  Z  S  M  O  R  Á  H  K
E  G  Y  E  N  L  E  T  T  I  Z  E  D  E  S
```

| | |
|---|---|
| SZÖGEK | PÁRHUZAMOS |
| SZÁMTAN | MERŐLEGES |
| NÉGYZET | KERÜLET |
| TIZEDES | POLIGON |
| ÁTMÉRŐ | SUGÁR |
| KITEVŐ | TÉGLALAP |
| EGYENLET | ÖSSZEG |
| TÖREDÉK | GÖMB |
| GEOMETRIA | SZIMMETRIA |
| SZÁMOK | HÁROMSZÖG |

# 21 - Sport

```
E  G  É  S  Z  S  É  G  D  F  D  C  Z  T  X
T  Á  P  L  Á  L  K  O  Z  Á  S  I  É  R  H
B  U  F  P  B  W  O  J  Ő  R  E  M  É  L  O
M  A  X  I  M  A  L  I  Z  Á  L  Á  S  T  R
M  T  S  C  A  D  K  U  D  L  G  O  S  K  A
E  É  A  S  R  X  K  É  E  W  M  R  P  O  D
T  L  L  O  G  Z  F  T  P  W  H  M  O  C  A
A  T  Z  N  O  J  E  K  Ú  E  H  E  R  O  P
B  A  W  T  R  T  I  C  S  D  S  J  T  G  C
O  Y  W  O  P  K  O  M  Z  I  V  S  C  Á  B
L  A  T  K  M  H  A  R  N  V  O  S  É  S  V
I  O  S  Á  T  R  A  T  I  K  J  J  P  G  W
K  J  S  Á  Z  O  R  Á  P  K  É  R  E  K  V
U  T  E  S  T  B  Z  N  J  L  V  X  V  C  O
S  L  V  E  M  U  U  C  I  B  B  A  Y  E  C
```

| | |
|---|---|
| ATLÉTA | MAXIMALIZÁLÁS |
| KÉPESSÉG | METABOLIKUS |
| TEST | IZMOK |
| KERÉKPÁROZÁS | ÚSZNI |
| TÁNC | TÁPLÁLKOZÁS |
| DIÉTA | CÉL |
| KITARTÁS | CSONTOK |
| EDZŐ | PROGRAM |
| ERŐ | EGÉSZSÉG |
| KOCOGÁS | SPORT |

# 22 - Mythologie

```
E  S  B  R  V  I  S  E  L  K  E  D  É  S  K
V  I  L  L  Á  M  N  V  V  E  W  R  X  V  I
E  N  Z  N  G  L  A  B  I  R  I  N  T  U  S
N  Z  G  R  É  S  Z  Ö  R  N  Y  I  J  M  L
P  K  M  F  S  U  P  Í  T  E  H  C  R  A  L
L  R  F  P  Y  N  É  M  T  M  E  R  E  T  E
K  U  Ó  D  N  A  L  A  H  H  Ő  S  K  H  G
I  N  O  V  E  H  L  X  A  A  P  D  U  I  E
M  Á  G  I  K  U  S  O  C  R  A  H  L  E  N
O  J  P  S  É  T  M  E  R  E  T  B  T  D  D
A  F  Ó  R  T  Z  S  A  T  A  K  Ő  Ú  E  A
W  A  N  E  L  H  F  V  K  E  A  N  R  L  D
X  D  N  G  É  T  E  O  G  N  R  S  A  M  D
P  R  V  U  F  B  O  S  S  Z  Ú  Ő  H  E  A
M  E  N  N  Y  D  Ö  R  G  É  S  H  X  K  Y
```

| | |
|---|---|
| ARCHETÍPUS | HŐSNŐ |
| KATASZTRÓFA | HŐS |
| VISELKEDÉS | FÉLTÉKENYSÉG |
| TEREMTÉS | LABIRINTUS |
| TEREMTMÉNY | LEGENDA |
| HIEDELMEK | MÁGIKUS |
| KULTÚRA | SZÖRNY |
| VILLÁM | HALANDÓ |
| ERŐ | MENNYDÖRGÉS |
| HARCOS | BOSSZÚ |

# 23 - Restaurant #2

```
A V H U T W S F T K U S U A E
J R G F É I E N Ű Z O F M K N
J É M Ó S S A R O S C A V V S
W C G C Z Í V I A K Z K Z H V
N N V L T F I N O M I E F T M
B I M I A S A L Á T A G R V S
C P T E L C H B S U D É B E A
I T A L K L S Z É K X S K I K
T O J Á S Ö A N L W X D A F U
H A L J E M T A T U O L N S G
U Z K U V Ü R B W G F Ö Á H E
J E Y P E Y O O K H H Z L P L
L W T R L G T U K R K F E P F
D O O S K W J N L C C C G F L
Z X M I S M C H U Z J T L A N
```

| | |
|---|---|
| ITAL | TORTA |
| SZÉK | JÉG |
| KANÁL | ZÖLDSÉGEK |
| EBÉD | TÉSZTA |
| FINOM | TOJÁS |
| VACSORA | HAL |
| VÍZ | SALÁTA |
| FŰSZEREK | SÓ |
| VILLA | PINCÉR |
| GYÜMÖLCS | LEVES |

# 24 - Avions

```
M  Ü  Z  E  M  A  N  Y  A  G  B  G  F  S  B
V  A  M  O  T  O  R  W  X  H  A  B  E  Z  E
R  T  G  X  O  V  E  Z  R  L  L  O  L  Á  Y
O  Ó  É  A  L  E  V  E  G  Ő  L  R  F  R  S
D  L  X  I  S  B  L  G  I  K  O  B  Ú  M  T
I  I  K  U  G  S  D  Y  V  G  N  P  J  A  L
N  P  U  O  S  F  Á  K  A  L  A  N  D  Z  É
É  P  Í  T  É  S  G  G  I  R  Á  N  Y  Á  G
L  E  G  É  N  Y  S  É  G  A  M  É  R  S  K
T  Ö  R  T  É  N  E  L  E  M  L  G  L  M  Ö
K  U  A  U  A  F  J  K  G  G  P  O  X  L  R
U  M  X  T  N  Y  L  R  L  U  P  R  G  P  E
L  Z  A  A  N  W  W  A  K  J  S  D  S  I  B
X  A  X  S  T  E  D  W  E  M  A  I  M  G  V
L  E  S  Z  Á  L  L  Á  S  D  N  H  T  I  D
```

| | |
|---|---|
| LEVEGŐ | IRÁNY |
| LÉGKÖR | LEGÉNYSÉG |
| LESZÁLLÁS | FELFÚJ |
| KALAND | MAGASSÁG |
| BALLON | TÖRTÉNELEM |
| ÜZEMANYAG | HIDROGÉN |
| ÉG | MOTOR |
| ÉPÍTÉS | UTAS |
| SZÁRMAZÁS | PILÓTA |

# 25 - Aventure

```
N  V  I  J  Ö  R  D  W  J  T  J  B  L  K  G
E  S  Z  C  K  R  P  A  Z  E  C  Á  E  I  U
J  W  S  G  J  B  Ö  D  V  V  T  T  H  H  K
M  E  G  L  E  P  Ő  M  S  É  O  O  E  Í  I
Y  L  É  S  E  T  V  B  C  K  N  R  T  V  R
N  R  S  É  I  N  L  B  X  E  A  S  Ő  Á  Á
B  I  Z  T  O  N  S  Á  G  N  V  Á  S  S  N
Ú  C  É  Í  E  X  F  F  B  Y  I  G  É  O  D
S  J  H  Z  S  Z  Y  O  S  S  G  P  G  K  U
Z  T  E  S  G  D  S  N  F  É  Á  K  W  H  L
É  T  N  É  F  J  I  É  Z  G  C  E  N  O  Á
P  T  X  K  U  E  P  X  M  V  I  O  I  M  S
S  I  B  Ő  T  A  U  S  T  R  Ó  M  T  D  T
É  I  M  L  A  N  O  V  T  Ú  E  M  I  Z  H
G  W  S  E  Y  L  É  Z  S  E  V  T  S  K  P
```

| | |
|---|---|
| TEVÉKENYSÉG | ÖRÖM |
| SZÉPSÉG | TERMÉSZET |
| BÁTORSÁG | NAVIGÁCIÓ |
| ESÉLY | ÚJ |
| VESZÉLYES | LEHETŐSÉG |
| KIHÍVÁSOK | ELŐKÉSZÍTÉS |
| NEHÉZSÉG | BIZTONSÁG |
| KIRÁNDULÁS | MEGLEPŐ |
| ÚTVONAL | |

# 26 - Ville

```
G K S Z Í N H Á Z T A P M L R
Z Y Ö O C X I G P X L I Z O E
G J Ó N B I P H T É O A J S P
F S M G Y G J P B J K C L U Ü
G T F F Y V I K N S S F R L
M A E S B S T R G M I R É Á Ő
F A D Z K D Z Á G E Z M D G T
M O Z I T M B E R R P D G Á É
S Z Á L L O D A R E S O A R R
T X J U N O I D A T S U L I C
K L I N I K A L N T Á Z É V B
Á L L A T K E R T É S R R A A
K Ö N Y V E S B O L T L I C N
S Z U P E R M A R K E T A I K
E G Y E T E M U E Z Ú M F T S
```

REPÜLŐTÉR
BANK
KÖNYVTÁR
PÉKSÉG
MOZI
KLINIKA
ISKOLA
VIRÁGÁRUS
GALÉRIA
SZÁLLODA

KÖNYVESBOLT
PIAC
MÚZEUM
GYÓGYSZERTÁR
ÉTTEREM
STADION
SZUPERMARKET
SZÍNHÁZ
EGYETEM
ÁLLATKERT

# 27 - Ingénierie

```
M  G  E  R  Ő  É  P  Í  T  É  S  G  V  S  S
E  F  T  K  M  É  R  É  S  P  O  X  C  B  T
G  O  F  E  S  Z  Á  M  Í  T  Á  S  U  W  A
H  F  M  K  Á  T  M  É  R  Ő  K  S  H  D  B
A  S  O  E  D  Í  Z  E  L  J  P  B  J  Z  I
J  Z  Y  R  O  T  O  M  N  X  D  P  K  Z  L
T  E  W  E  G  E  N  E  R  G  I  A  É  E  I
Á  R  Y  K  É  Á  G  É  P  N  M  D  D  D  T
S  K  A  S  S  S  D  I  A  G  R  A  M  Á
I  E  J  A  Y  R  Z  Y  Z  R  G  W  Y  K  S
J  Z  L  G  L  B  N  Ö  F  G  R  U  L  A  I
J  E  L  O  É  Y  L  E  G  N  E  T  O  B  R
X  T  Z  F  M  T  F  J  H  J  H  C  F  P  O
Y  V  S  K  S  Y  Y  Y  T  S  V  C  P  V  D
O  S  E  L  O  S  Z  L  Á  S  F  P  E  B  C
```

| | |
|---|---|
| SZÖG | ERŐ |
| TENGELY | FOLYADÉK |
| SZÁMÍTÁS | GÉP |
| ÉPÍTÉS | MÉRÉS |
| DIAGRAM | MOTOR |
| ÁTMÉRŐ | MÉLYSÉG |
| DÍZEL | MEGHAJTÁS |
| ELOSZLÁS | FORGÁS |
| FOGASKEREKEK | STABILITÁS |
| ENERGIA | SZERKEZET |

# 28 - Énergie

```
K  S  G  U  Z  F  L  R  S  H  L  N  B  X  P
B  D  A  X  X  A  H  C  R  Z  P  V  E  E  P
F  F  A  Z  R  G  X  I  O  Z  É  T  N  L  G
A  K  K  U  M  U  L  Á  T  O  R  N  Z  F  E
T  U  R  B  I  N  A  C  O  Y  E  O  I  I  O
Y  H  E  G  S  Z  É  L  M  I  T  T  N  D  B
C  R  L  F  A  E  L  E  K  T  R  O  M  O  S
S  Z  E  N  N  Y  E  Z  É  S  O  F  K  S  A
J  T  K  X  N  M  N  É  G  O  R  D  I  H  S
I  P  A  R  Z  B  B  A  I  P  Ó  R  T  N  E
E  L  E  K  T  R  O  N  M  K  N  E  U  U  P
A  E  W  M  F  S  I  R  Á  E  L  K  U  N  H
D  Z  M  E  G  Ú  J  U  L  Ó  Z  N  D  I  Ő
R  Í  K  Ö  R  N  Y  E  Z  E  T  Ü  A  O  L
O  D  A  O  J  S  A  E  M  P  C  V  V  P  S
```

| | |
|---|---|
| AKKUMULÁTOR | HIDROGÉN |
| SZÉN | IPAR |
| ÜZEMANYAG | MOTOR |
| HŐ | NUKLEÁRIS |
| DÍZEL | FOTON |
| ENTRÓPIA | SZENNYEZÉS |
| KÖRNYEZET | MEGÚJULÓ |
| BENZIN | NAP |
| ELEKTROMOS | TURBINA |
| ELEKTRON | SZÉL |

# 29 - Corps Humain

```
E  T  O  D  A  B  S  Z  Á  J  N  G  A  L  B
E  É  V  G  G  Ő  B  É  G  E  Y  T  Z  O  W
I  R  É  V  Y  R  H  K  S  F  A  K  O  B  C
N  D  M  U  X  M  U  Z  D  Y  K  U  K  S  F
A  J  K  A  K  A  S  O  Z  X  Y  Y  J  L  F
K  E  X  F  Y  A  M  A  B  K  O  E  T  J  Á
T  I  J  B  F  X  H  V  E  Ö  F  W  E  X  L
B  O  O  D  Y  S  T  Y  I  N  H  J  E  S  L
W  C  R  A  E  K  Z  P  N  Y  G  I  P  Y  K
F  R  R  F  T  J  V  Í  S  Ö  C  Z  B  G  A
G  Y  O  M  O  R  V  U  K  U  P  O  C  P
Á  S  D  Z  H  P  G  M  R  B  D  B  Y  X  O
O  L  L  Á  V  I  C  F  V  M  U  D  A  X  C
W  B  L  F  Ü  L  V  U  O  N  V  N  O  H  S
H  T  H  F  C  A  N  A  C  U  G  I  P  C  E
```

| | |
|---|---|
| SZÁJ | AJKAK |
| AGY | KÉZ |
| BOKA | ÁLLKAPOCS |
| NYAK | ÁLL |
| KÖNYÖK | ORR |
| SZÍV | FÜL |
| UJJ | BŐR |
| GYOMOR | VÉR |
| VÁLL | FEJ |
| TÉRD | ARC |

# 30 - Biologie

```
E  M  B  R  I  Ó  D  U  O  K  E  L  O  F  S
S  I  G  X  X  Z  H  Ő  U  R  G  N  G  L  X
Ő  Z  S  N  É  G  A  L  L  O  K  O  Z  M  T
L  A  I  O  G  E  R  L  P  M  O  R  B  I  N
M  N  Z  M  S  D  J  Ü  K  O  Z  U  A  C  M
E  A  É  R  B  I  M  H  C  S  X  E  K  J  K
D  T  T  O  S  I  Z  Ó  M  Z  O  N  T  F  H
I  Ó  N  H  M  N  Ó  B  O  Ó  L  W  É  E  M
M  M  I  E  G  P  I  Z  K  M  B  N  R  H  U
U  I  Z  R  P  S  C  M  I  A  S  A  I  É  T
W  A  S  A  A  N  Ú  K  F  S  E  J  U  R  Á
C  P  O  H  U  D  L  A  J  Y  J  H  M  J  C
N  N  T  C  D  P  O  I  K  X  T  G  O  E  I
T  O  O  I  R  K  V  Z  R  D  S  H  K  X  Ó
B  T  F  S  E  T  E  Z  S  É  M  R  E  T  J
```

| | |
|---|---|
| ANATÓMIA | MUTÁCIÓ |
| BAKTÉRIUMOK | TERMÉSZETES |
| SEJT | IDEG |
| KROMOSZÓMA | NEURON |
| KOLLAGÉN | OZMÓZIS |
| EMBRIÓ | FOTOSZINTÉZIS |
| ENZIM | FEHÉRJE |
| EVOLÚCIÓ | HÜLLŐ |
| HORMON | SZIMBIÓZIS |
| EMLŐS | |

# 31 - Épices

```
C  Í  K  O  R  I  A  N  D  E  R  W  K  Á  K
K  Ú  Z  M  H  K  Ö  M  É  N  Y  T  E  N  A
Y  Y  F  X  P  G  V  A  O  J  R  W  S  I  R
P  N  J  Y  R  S  X  M  V  J  V  C  E  Z  D
A  A  É  D  E  S  G  Y  Ö  K  É  R  R  S  A
P  V  H  M  A  L  H  G  C  J  L  G  Ű  F  M
R  A  A  M  Ö  M  M  A  I  L  Í  N  A  V  O
I  S  F  M  X  K  S  H  K  B  C  C  H  H  M
K  S  S  L  T  Z  S  S  Á  F  R  Á  N  Y  Y
A  X  T  P  G  G  R  E  S  Ó  U  A  P  R  H
L  T  R  K  S  V  O  I  D  D  P  P  K  R  E
X  G  I  P  A  E  B  R  M  É  Y  T  C  U  T
S  Z  E  R  E  C  S  E  N  D  I  Ó  R  C  J
F  O  K  H  A  G  Y  M  A  G  A  T  T  R  B
G  Y  Ö  M  B  É  R  Z  H  A  B  V  I  P  Z
```

| | |
|---|---|
| SAVANYÚ | GYÖMBÉR |
| FOKHAGYMA | SZERECSENDIÓ |
| KESERŰ | HAGYMA |
| ÁNIZS | PAPRIKA |
| FAHÉJ | BORS |
| KARDAMOM | ÉDESGYÖKÉR |
| KORIANDER | SÁFRÁNY |
| KÖMÉNY | ÍZ |
| CURRY | SÓ |
| ÉDESKÖMÉNY | VANÍLIA |

# 32 - Agronomie

```
Z É R M A W G I Ö L B T T N K
Ö L E E A K U E K B E A E Ö Ö
L E N Z O E S R O W T N R V R
D L D Ő V I V Ó L M E U M E N
S M S G A N Í Z Ó O G L E K Y
É I Z A S Z Z I G M S M L E E
G S E Z C Z O Ó I L É Á É D Z
E Z R D E W E N A H G N S É E
K E E A X M Z N O J E Y C S T
M R K S G J C Z N S K B D X Z
I A S Á T A T U K Y Í F X C K
L S G G T R Á G Y A E T S W E
O C C O E N E R G I A Z Á L F
H D D I K É D I V I W J É S R
T U D O M Á N Y M W I M A S E
```

MEZŐGAZDASÁG
NÖVEKEDÉS
VÍZ
TRÁGYA
KÖRNYEZET
ÖKOLÓGIA
ENERGIA
ERÓZIÓ
TANULMÁNY
MAGOK

AZONOSÍTÁS
ZÖLDSÉGEK
BETEGSÉGEK
ÉLELMISZER
SZENNYEZÉS
TERMELÉS
KUTATÁS
VIDÉKI
TUDOMÁNY
RENDSZEREK

# 33 - Science

```
S  I  L  I  Z  S  S  O  F  T  M  T  R  M  F
I  M  C  A  É  K  A  M  K  É  Ó  E  É  Z  I
Z  B  L  M  B  G  S  Z  N  N  D  Z  S  V  Z
É  F  Ó  B  Z  O  H  X  A  Y  S  S  Z  K  I
T  E  I  K  R  H  R  A  A  Y  Z  É  E  Á  K
O  L  C  F  A  O  T  A  J  A  E  M  C  L  A
P  F  Ú  K  P  D  J  C  T  L  R  R  S  U  N
I  W  L  U  O  G  K  O  A  Ó  A  E  K  K  Ö
H  Y  O  R  V  T  T  A  D  A  R  T  É  E  V
R  J  V  L  Y  P  Y  F  A  W  T  I  K  L  É
S  Z  E  R  V  E  Z  E  T  H  S  O  U  O  N
M  E  G  F  I  G  Y  E  L  É  S  J  M  M  Y
K  É  M  I  A  I  K  Í  S  É  R  L  E  T  E
G  R  A  V  I  T  Á  C  I  Ó  S  T  V  L  K
B  I  I  D  M  N  Y  Z  T  U  D  Ó  S  E  D
```

| | |
|---|---|
| ATOM | LABORATÓRIUM |
| KÉMIAI | MÓDSZER |
| ÉGHAJLAT | MOLEKULÁK |
| ADAT | TERMÉSZET |
| KÍSÉRLET | MEGFIGYELÉS |
| EVOLÚCIÓ | SZERVEZET |
| TÉNY | RÉSZECSKÉK |
| FOSSZILIS | FIZIKA |
| GRAVITÁCIÓ | NÖVÉNYEK |
| HIPOTÉZIS | TUDÓS |

# 34 - Vêtements

```
D  L  U  S  I  X  S  O  R  K  N  J  C  O  D
L  M  G  M  R  N  A  V  X  A  Y  K  X  F  I
A  C  C  G  N  G  X  G  M  R  A  H  U  R  V
X  R  E  M  R  A  F  L  D  K  K  E  I  A  A
Ő  V  I  P  Y  H  D  U  V  Ö  L  X  Z  X  T
P  U  L  Ó  V  E  R  R  M  T  Á  V  S  N  M
I  S  Z  A  N  D  Á  L  Á  Ő  N  G  J  F  L
C  N  Ű  Y  T  Z  S  E  K  G  C  B  L  Ú  Z
J  T  G  K  Ö  T  É  N  Y  A  S  Á  L  D  D
P  I  Z  S  A  M  A  B  P  Y  B  X  R  Z  Z
P  Y  D  W  K  A  L  A  P  N  C  Á  Y  S  X
X  V  E  J  O  A  T  X  X  K  H  Y  T  E  Y
E  D  W  T  S  B  K  M  P  O  O  S  E  K  R
O  V  Z  J  O  W  D  F  G  Z  Y  Y  Y  I  W
K  K  J  V  B  Y  K  O  P  S  O  P  N  Z  N
```

| | |
|---|---|
| KARKÖTŐ | SZOKNYA |
| ÖV | KABÁT |
| KALAP | DIVAT |
| CIPŐ | NADRÁG |
| ING | PULÓVER |
| BLÚZ | PIZSAMA |
| NYAKLÁNC | RUHA |
| SÁL | SZANDÁL |
| KESZTYŰ | KÖTÉNY |
| FARMER | DZSEKI |

# 35 - Arts Visuels

```
I  T  B  E  Ű  A  V  I  A  S  Z  L  F  Ö  Z
S  A  F  I  L  M  X  S  L  C  N  A  E  S  T
Z  Z  H  N  H  X  R  Y  D  D  U  K  S  S  M
E  U  O  F  G  W  T  E  I  C  L  K  T  Z  Ű
R  R  S  B  Y  N  É  M  T  S  E  F  Ő  E  V
T  E  R  B  O  N  Z  A  M  S  X  P  Á  T  É
E  C  N  P  I  R  N  Z  Y  Y  E  I  L  É  S
Z  K  E  R  Á  M  I  A  G  S  L  M  L  T  Z
S  T  E  N  C  I  L  S  B  Y  Z  V  V  E  P
É  K  R  E  A  T  I  V  I  T  Á  S  Á  L  N
T  R  Z  E  R  K  P  A  G  Y  A  G  N  H  Y
Í  G  T  J  N  M  E  T  L  S  T  B  Y  H  I
P  R  F  R  G  V  D  É  T  O  L  L  H  V  M
É  W  N  I  O  Y  S  R  V  K  M  B  U  X  T
W  B  X  S  A  P  T  K  E  Y  C  P  Y  T  H
```

| | |
|---|---|
| ÉPÍTÉSZET | CERUZA |
| AGYAG | KREATIVITÁS |
| MŰVÉSZ | FILM |
| KERÁMIA | FESTMÉNY |
| MESTERMŰ | STENCIL |
| FESTŐÁLLVÁNY | PORTRÉ |
| VIASZ | SZOBOR |
| ÖSSZETÉTEL | TOLL |
| KRÉTA | LAKK |

# 36 - Méditation

```
P  G  S  E  L  F  O  G  A  D  Á  S  P  K  P
M  E  G  F  I  G  Y  E  L  É  S  I  E  E  F
E  G  Y  Ü  T  T  É  R  Z  É  S  G  R  D  D
V  I  L  Á  G  O  S  S  Á  G  W  P  S  V  W
N  B  I  O  M  B  E  M  I  M  M  L  P  E  K
C  C  T  E  R  M  É  S  Z  E  T  B  E  S  G
B  E  U  N  É  R  Z  E  L  M  E  K  K  S  S
F  É  M  E  L  E  Y  G  I  F  I  L  T  É  Z
N  L  K  Z  I  G  H  Á  L  A  G  Y  Í  G  O
É  Y  É  E  C  S  E  N  D  R  E  K  V  S  K
B  A  U  G  U  K  O  X  S  W  G  S  A  P  Á
R  S  Á  G  Z  O  M  A  F  U  K  E  L  V  S
E  D  B  T  O  É  W  J  E  Z  C  Z  P  K  O
N  I  K  M  T  D  S  I  L  Á  T  N  E  M  K
N  K  B  I  S  Á  T  R  A  T  T  S  E  T  A
```

| | |
|---|---|
| ELFOGADÁS | MENTÁLIS |
| FIGYELEM | MOZGÁS |
| NYUGODT | ZENE |
| VILÁGOSSÁG | TERMÉSZET |
| EGYÜTTÉRZÉS | MEGFIGYELÉS |
| ÉRZELMEK | BÉKE |
| ÉBREN | PERSPEKTÍVA |
| KEDVESSÉG | TESTTARTÁS |
| HÁLA | LÉGZÉS |
| SZOKÁSOK | CSEND |

# 37 - Littérature

```
T  B  U  A  T  O  D  K  E  N  A  Z  Z  S  R
N  X  N  M  A  F  P  Z  W  L  U  E  B  T  I
P  S  É  T  E  T  Z  E  K  T  E  V  Ö  K  T
L  Á  E  K  W  G  S  U  R  F  M  M  A  D  M
E  T  R  N  U  I  F  X  I  J  G  Í  Z  P  U
Í  F  C  B  N  A  R  R  Á  T  O  R  J  É  S
R  I  O  A  E  B  H  J  G  E  O  L  A  U  S
Á  K  L  R  O  S  A  I  D  É  G  A  R  T  U
S  C  V  O  E  Ő  Z  R  E  Z  S  C  T  J  L
E  I  A  F  L  G  L  É  É  I  B  R  E  P  Í
G  Ó  M  A  X  W  É  L  D  E  R  M  L  A  T
K  Ö  L  T  Ő  I  Y  N  É  M  E  L  É  V  S
L  R  I  E  K  J  C  H  Y  I  V  J  H  K  G
E  G  J  M  A  N  A  L  Ó  G  I  A  B  I  D
V  E  R  S  E  S  X  T  É  M  A  O  S  I  G
```

| | |
|---|---|
| ANALÓGIA | NARRÁTOR |
| ELEMZÉS | VÉLEMÉNY |
| ANEKDOTA | VERS |
| SZERZŐ | KÖLTŐI |
| ÉLETRAJZ | RÍM |
| KÖVETKEZTETÉS | REGÉNY |
| LEÍRÁS | RITMUS |
| PÁRBESZÉD | STÍLUS |
| FIKCIÓ | TÉMA |
| METAFORA | TRAGÉDIA |

# 38 - Nourriture #1

```
M B R P F F I N X K H C C S G
R Y Z X I O S H I Y A I U Á Y
S P E N Ó T K M O E G T G R Ü
E H Z D S K Y H T H Y R G G M
V B N X A G P Y A A M O Y A Ö
E G A X Z X L E C G A M C R L
L A H N O T Z A Y K Y L M É C
H Ú S C C D A P R Á C M K P S
K Ö R T E O G É E V L U A A L
S A L Á T A T R P É O K K W É
N P P T U W Y R E N O J E O S
V T D J U J J É H A F Z H R R
P E L A C M O H K L U F N C M
W J P C G T J E C G T X L Z M
L P E I X R V F J C Z U D L N
```

| | |
|---|---|
| FOKHAGYMA | HAGYMA |
| KÁVÉ | ÁRPA |
| FAHÉJ | KÖRTE |
| SÁRGARÉPA | SALÁTA |
| CITROM | SÓ |
| SPENÓT | LEVES |
| EPER | CUKOR |
| GYÜMÖLCSLÉ | TONHAL |
| TEJ | HÚS |
| FEHÉRRÉPA | |

# 39 - Jours et Mois

```
C  B  J  X  J  V  I  O  G  G  A  C  N  G  S
C  S  C  Y  Z  Ú  N  O  V  E  M  B  E  R  Z
G  U  Ü  C  G  Y  L  O  R  Á  T  P  A  N  E
S  I  T  T  L  T  D  I  Á  R  É  A  D  Á  P
O  N  I  G  Ö  H  Z  L  U  P  H  N  R  P  T
M  Ú  A  N  A  R  H  W  N  S  H  Ó  E  R  E
T  J  V  A  C  V  T  V  A  U  É  H  Z  I  M
F  E  B  R  U  Á  R  Ö  J  T  T  J  S  L  B
R  K  E  T  N  É  P  F  K  Z  F  V  H  I  E
A  E  M  Á  R  C  I  U  S  S  Ő  G  F  S  R
A  D  B  P  C  J  G  E  L  U  S  Z  U  N  X
H  D  H  Ó  N  Y  J  M  D  G  W  G  Y  L  O
R  C  X  E  T  C  L  D  D  U  M  J  N  T  D
B  U  I  W  J  K  R  N  T  A  B  M  O  Z  S
G  H  R  R  A  H  O  V  A  S  Á  R  N  A  P
```

| | |
|---|---|
| AUGUSZTUS | KEDD |
| ÁPRILIS | MÁRCIUS |
| NAPTÁR | SZERDA |
| VASÁRNAP | HÓNAP |
| FEBRUÁR | NOVEMBER |
| JANUÁR | OKTÓBER |
| CSÜTÖRTÖK | SZOMBAT |
| JÚLIUS | HÉT |
| JÚNIUS | SZEPTEMBER |
| HÉTFŐ | PÉNTEK |

# 40 - Jardinage

```
L  B  E  P  P  E  É  G  H  A  J  L  A  T  V
O  O  N  H  N  B  G  B  K  Y  A  U  H  Z  I
M  T  E  S  E  D  D  Z  R  L  L  V  L  S  R
B  A  D  D  S  T  L  F  O  Á  A  I  E  O  Á
O  N  V  X  N  V  Ő  K  K  T  T  Y  V  P  G
Z  I  E  C  F  Í  É  U  O  R  I  Z  É  M  V
A  K  S  W  Y  Z  X  X  S  A  X  K  L  O  I
T  A  S  T  K  M  I  Z  C  T  V  O  U  K  R
K  J  É  P  I  S  Z  O  K  S  X  G  G  S  Á
K  Z  G  V  N  N  L  M  J  K  J  A  F  H  G
M  D  Z  B  A  V  X  S  K  Ő  L  M  Ö  T  O
J  J  M  F  O  W  I  B  V  O  S  S  X  N  S
S  Z  E  Z  O  N  Á  L  I  S  U  I  M  X  O
G  Y  Ü  M  Ö  L  C  S  Ö  S  M  G  U  Y  B
M  L  P  B  H  E  W  Y  I  V  S  H  B  J  M
```

| | |
|---|---|
| BOTANIKA | VIRÁG |
| CSOKOR | VIRÁGOS |
| ÉGHAJLAT | MAGOK |
| EHETŐ | NEDVESSÉG |
| KOMPOSZT | TARTÁLY |
| VÍZ | SZEZONÁLIS |
| FAJ | PISZOK |
| EGZOTIKUS | TALAJ |
| LOMBOZAT | TÖMLŐ |
| LEVÉL | GYÜMÖLCSÖS |

# 41 - Entreprise

```
K  Ö  L  T  S  É  G  V  E  T  É  S  V  Ü  Z
R  V  H  G  O  V  O  S  W  T  P  P  A  Z  F
A  B  H  S  L  Z  S  S  F  O  V  X  L  L  S
K  D  D  O  X  M  O  Á  Z  Z  U  X  U  E  K
G  Ö  Ó  I  C  K  A  Z  N  A  R  T  T  T  E
J  V  L  K  V  T  B  Á  É  M  Á  Y  A  E  D
Ö  Á  O  T  E  J  O  H  P  L  L  V  F  L  V
V  L  O  G  S  S  R  U  G  A  J  Y  W  A  E
E  L  J  R  É  É  Y  R  R  K  C  K  C  D  Z
D  A  H  Y  M  S  G  E  F  L  G  M  P  Á  M
E  L  M  D  W  U  E  B  P  A  Y  Z  L  S  É
L  A  E  C  A  D  O  R  I  C  Á  U  U  K  N
E  T  T  P  J  D  A  R  E  I  R  R  A  K  Y
M  P  É  N  Z  Ü  G  Y  E  Y  O  M  T  R  V
M  U  N  K  Á  L  T  A  T  Ó  N  H  I  J  H
```

| | |
|---|---|
| PÉNZ | PÉNZÜGY |
| ÜZLET | ADÓK |
| KÖLTSÉGVETÉS | BERUHÁZÁS |
| IRODA | ÁRU |
| KARRIER | NYERESÉG |
| KÖLTSÉG | JÖVEDELEM |
| VALUTA | KEDVEZMÉNY |
| MUNKÁLTATÓ | TRANZAKCIÓ |
| ALKALMAZOTT | GYÁR |
| VÁLLALAT | ELADÁS |

# 42 - Activités

```
Z Y X F M Ű V É S Z E T K V U
B O X K E K E D R É K L E O R
E V X I I S Á R R A V S M J L
Z X R G N H T K C X M Z P Á W
G G W O É C R M Ö R Ö A I T K
A O L V A S Á S É M H B N É W
I V T J X Á S D U N K A G K D
M Á G I A Z J E K B Y D G O H
Á T A Z S Á D A V L G I É K A
R C M H N R M H D Ű Z D S W L
E R D L F Ú J W U C M Ő Z W Á
K C D R Z T Z S Z I J Z S T S
D S Y S É Z E P É K Y N É F Z
T E V É K E N Y S É G K K K A
K E R T É S Z K E D É S L T T
```

| | |
|---|---|
| TEVÉKENYSÉG | JÁTÉKOK |
| MŰVÉSZET | OLVASÁS |
| KÉZMŰVESSÉG | SZABADIDŐ |
| KEMPING | MÁGIA |
| KERÁMIA | FESTMÉNY |
| VADÁSZAT | HALÁSZAT |
| KÉSZSÉG | FÉNYKÉPEZÉS |
| VARRÁS | ÖRÖM |
| ÉRDEKEK | TÚRÁZÁS |
| KERTÉSZKEDÉS | |

# 43 - Mode

```
K  I  T  U  B  F  M  S  Z  Ö  V  E  T  L  R
Y  I  Y  R  N  X  I  I  T  E  D  E  R  E  L
E  S  F  G  C  J  P  Y  N  R  E  D  O  M  C
G  G  C  I  D  R  Á  G  A  T  P  L  O  H  S
Y  D  Y  S  N  Á  G  E  L  E  A  B  H  V  I
A  W  W  S  T  O  G  O  M  B  O  K  S  A  P
K  P  M  X  Z  S  M  S  Z  E  R  É  N  Y  K
O  A  C  N  D  E  B  U  P  E  S  I  M  R  E
R  R  O  M  H  A  R  I  L  Z  P  R  J  U  J
L  Ú  N  F  N  B  V  Ű  F  T  F  Á  K  H  S
A  T  S  I  L  A  M  I  N  I  M  N  A  Á  K
T  X  L  U  S  U  P  G  K  Y  R  Y  O  Z  W
I  E  C  A  S  T  R  W  H  Z  I  Z  L  A  C
D  T  Y  R  O  R  A  G  U  J  K  A  C  T  K
S  T  Í  L  U  S  É  Z  M  Í  H  T  J  B  V
```

BUTIK
GOMBOK
HÍMZÉS
DRÁGA
CSIPKE
ELEGÁNS
MINIMALISTA
MODERN
SZERÉNY
MINTA

EREDETI
GYAKORLATI
EGYSZERŰ
KIFINOMULT
STÍLUS
IRÁNYZAT
TEXTÚRA
SZÖVET
RUHÁZAT

# 44 - Fleurs

```
T  M  O  R  I  Z  S  G  X  G  Y  T  X  H  L
U  O  A  L  I  L  Y  N  Á  V  L  A  H  I  Ó
L  I  S  G  N  A  P  Y  T  I  P  L  E  B  H
I  L  Z  D  N  X  Z  B  S  P  Z  U  X  I  E
P  I  Ó  W  Z  Ó  N  T  K  O  V  D  R  S  R
Á  L  R  O  Y  G  L  G  D  E  D  N  G  Z  E
N  N  C  G  M  R  C  I  A  B  W  E  V  K  S
L  D  A  A  O  O  E  S  A  H  M  V  S  U  H
M  T  F  R  J  F  G  F  O  C  H  E  V  S  N
N  Á  R  D  Á  A  C  T  O  K  K  L  W  Z  T
L  P  K  É  Z  R  Y  U  U  O  W  F  S  Z
S  L  T  N  M  P  E  Z  S  I  C  R  Á  N  F
P  W  J  I  I  A  S  Z  Ó  R  A  S  Z  A  B
O  N  R  A  N  N  O  R  C  H  I  D  E  A  I
G  O  L  G  O  T  A  V  I  R  Á  G  C  W  Y
```

| | |
|---|---|
| CSOKOR | GOLGOTAVIRÁG |
| GARDÉNIA | MÁK |
| HIBISZKUSZ | SZIROM |
| JÁZMIN | PITYPANG |
| NÁRCISZ | BAZSARÓZSA |
| LEVENDULA | RÓZSA |
| HALVÁNYLILA | NAPRAFORGÓ |
| LILIOM | LÓHERE |
| MAGNÓLIA | TULIPÁN |
| ORCHIDEA | |

# 45 - Nourriture #2

```
B R I Z S C N Y B T W X K U G
C Ú O N S S Á J O T H K C A B
F W Z K Y O N R E K R I S C S
Ó G N A M K A O I Y H V E O Z
K W Á B O O B I M R V I R A Ő
U C S M S L X E R E L L E Z L
O L Z O C Á A H U T D O S E Ő
Z O I G I D S D T M Z K Z H U
R L L B D É C P Y D K K N A W
K H D M A N D U L A L O Y P E
A C A D R V M H H C O R E L K
V L P W A U Y I T U A B C I U
K R M P P H I J R I T H R F P
Y N S A Y N A K E N Y É R W S
S O N K A U X L K I G Y U X E
```

| | |
|---|---|
| MANDULA | KIVI |
| PADLIZSÁN | MANGÓ |
| BANÁN | TOJÁS |
| BÚZA | KENYÉR |
| BROKKOLI | HAL |
| CSERESZNYE | ALMA |
| ZELLER | CSIRKE |
| GOMBA | SZŐLŐ |
| CSOKOLÁDÉ | RIZS |
| SONKA | PARADICSOM |

# 46 - Algèbre

```
K  I  V  O  N  Á  S  U  O  N  Z  E  K  E  T
V  É  G  T  E  L  E  N  C  U  E  I  G  G  Ö
P  U  I  A  Z  D  O  O  E  L  X  S  D  Y  R
S  H  F  P  B  X  D  P  F  L  O  S  D  E  E
I  U  O  M  G  W  D  P  P  A  V  C  W  N  D
K  I  T  E  V  Ő  Z  E  Y  N  É  T  U  L  É
E  G  Y  S  Z  E  R  Ű  S  Í  T  É  S  E  K
Z  É  K  J  T  A  V  J  O  Ó  S  P  H  T  G
H  S  K  M  Á  Z  S  J  L  Z  I  M  A  E  R
H  I  G  T  A  M  É  L  B  O  R  P  M  L  A
I  Y  M  Á  T  R  I  X  H  T  Á  H  I  P  F
L  N  V  H  T  I  G  I  V  L  E  N  S  É  I
F  N  P  N  E  U  A  A  S  Á  N  D  V  K  K
M  E  G  O  L  D  Á  S  I  V  I  P  P  L  O
Z  M  Z  Á  R  Ó  J  E  L  D  L  T  E  G  N
```

| | |
|---|---|
| DIAGRAM | MÁTRIX |
| KITEVŐ | SZÁM |
| EGYENLET | ZÁRÓJEL |
| TÉNYEZŐ | PROBLÉMA |
| HAMIS | MENNYISÉG |
| KÉPLET | EGYSZERŰSÍTÉS |
| TÖREDÉK | MEGOLDÁS |
| GRAFIKON | KIVONÁS |
| VÉGTELEN | VÁLTOZÓ |
| LINEÁRIS | NULLA |

# 47 - Océan

```
H G J M A P O L I P B Á L N A
I X S C N H U L L Á M O K I G
O D E Ó G S I K V M Z K G F H
M I F J O K K F V H S G K L V
K Á R A L É N R A G V W Y E V
Á W M H N H C E O R E P R D U
R A M O A C Á P A P N T N S X
G U V S Ő N K E T F N O G E N
W E I Z R L X K I U W N M N Z
O Z H T C W Z R M D D H L W C
L L A R O K G Á F E V A H X F
N J R I M S B N T T D L Z A P
V L W G I R G Í R O C Ú P T L
Ó W L A Z P J H X E N P Z H V
S Z I V A C S H J N M Y J A V
```

| | |
|---|---|
| HÍNÁR | MEDÚZA |
| ANGOLNA | HAL |
| BÁLNA | POLIP |
| HAJÓ | CÁPA |
| KORALL | ZÁTONY |
| RÁK | SÓ |
| GARNÉLARÁK | VIHAR |
| DELFIN | TONHAL |
| SZIVACS | TEKNŐS |
| OSZTRIGA | HULLÁMOK |

# 48 - Remplir

```
T P H C S G O H F C F V W K V
W P M U K Z N K I G V E T I C
K D A C G P P D Z D Á K T A Z
Y V P K S P N X S Z Z B I Y C
Z E P É U X K G A Y A U K A V
W C A T J C Á M Z T Á L C A Y
Y U N Í L T D X B E N U U K V
N H O R D Ó N C E T Z M M S P
O B T O M J Ö Ó S R O K C Á U
C R R B L A R D Z Ő B H S T I
O W A Ö S H Ő R Á S O K O B R
P U K W D H B N G F D U M Z L
V B D I H Ö K J V K I O A H Á
F U Y I W Ü V E G O C Ó G K D
T H Y E U V I J S T O N K V A
```

KÁD            CSOMAG
HORDÓ          TÁLCA
DOBOZ          ZSEB
ÜVEG           KORSÓ
LÁDA           TÁSKA
KARTON         VÖDÖR
MAPPA          FIÓK
BORÍTÉK        CSŐ
HAJÓ           BŐRÖND
KOSÁR          VÁZA

# 49 - Antiquités

```
F  H  D  A  Z  Á  Z  S  I  G  M  B  S  É  M
H  E  E  E  L  M  K  J  G  A  Ű  E  T  K  I
I  V  S  L  K  É  M  R  É  L  V  R  Í  S  N
T  H  N  T  Y  O  W  J  R  É  É  U  L  Z  Ő
E  X  Á  P  M  R  R  B  S  R  S  H  U  E  S
L  É  G  Z  X  É  E  A  E  I  Z  Á  S  R  É
E  R  E  G  R  S  N  Á  T  A  E  Z  Y  E  G
S  T  L  P  E  G  T  Y  L  Í  T  Á  H  K  U
L  É  E  D  G  B  G  T  E  L  V  S  Z  P  I
G  K  Á  R  V  E  R  É  S  K  Í  V  B  Y  E
S  Z  O  K  A  T  L  A  N  D  B  T  Z  Á  R
S  Z  O  B  O  R  K  I  R  I  J  P  Á  E  O
I  U  L  S  E  I  P  M  Z  D  I  F  J  S  T
U  H  M  S  U  K  H  X  A  S  Y  R  C  Z  Ú
N  C  N  A  W  P  S  I  I  P  G  G  W  U  B
```

| | |
|---|---|
| MŰVÉSZET | FESTMÉNYEK |
| HITELES | ÉRMÉK |
| ÉKSZEREK | ÁR |
| DEKORATÍV | MINŐSÉG |
| ÁRVERÉS | HELYREÁLLÍTÁS |
| ELEGÁNS | SZOBOR |
| GALÉRIA | SZÁZAD |
| SZOKATLAN | STÍLUS |
| BERUHÁZÁS | ÉRTÉK |
| BÚTOR | RÉGI |

# 50 - Boxe

```
Ű  K  K  Y  R  U  E  G  É  S  Z  S  É  K  G
Y  S  O  I  K  Ö  N  Y  Ö  K  S  É  C  R  Y
T  H  T  A  M  F  Z  O  Y  C  U  R  X  F  O
Z  C  N  B  K  E  V  A  C  X  K  Ü  S  P  R
S  W  O  Ő  R  E  R  N  O  Á  Ó  L  O  P  S
E  H  P  T  G  I  S  Ü  R  L  F  É  Ö  U  F
K  Ö  T  E  L  E  K  C  L  L  V  S  P  K  Z
C  B  N  Z  É  N  C  N  R  T  S  E  T  B  Ö
C  E  D  E  F  S  A  R  O  K  O  K  O  S  H
L  Z  H  V  N  H  L  G  I  J  C  U  K  S  S
M  X  K  E  E  A  W  W  O  R  O  Z  X  D
D  V  B  É  L  D  J  R  X  K  A  G  F  Z  K
H  B  P  T  L  S  U  B  A  W  H  B  L  J  X
U  S  S  Á  E  M  O  H  E  N  E  T  O  J  U
O  Z  F  J  A  O  D  D  S  Á  G  Ú  R  B  P
```

| | |
|---|---|
| ELLENFÉL | KÖNYÖK |
| JÁTÉKVEZETŐ | RÚGÁS |
| SÉRÜLÉSEK | KIMERÜLT |
| HARANG | ERŐ |
| SAROK | KESZTYŰ |
| HARCOS | ÁLL |
| KÉSZSÉG | ÖKÖL |
| FÓKUSZ | PONTOK |
| KÖTELEK | GYORS |
| TEST | |

# 51 - Réchauffement Climatique

```
S  A  R  K  V  I  D  É  K  I  P  V  J  H  C
G  E  N  E  R  Á  C  I  Ó  K  O  Á  O  Ő  W
B  Ő  V  Ö  J  D  W  J  M  G  P  L  G  M  B
F  Y  N  Á  M  R  O  K  G  B  U  S  S  É  A
J  E  M  E  L  E  Y  G  I  F  L  Á  Z  R  G
L  P  J  A  W  T  S  O  M  Z  Á  G  A  S  T
L  S  C  L  V  N  O  P  L  Y  C  J  B  É  U
Y  C  M  V  Ő  P  V  Z  Z  R  I  V  Á  K  D
W  A  N  G  X  D  H  O  Á  J  Ó  C  L  L  Ó
B  I  W  Y  A  B  É  C  J  S  K  U  Y  E  S
W  G  U  O  D  M  A  S  D  I  O  I  O  T  K
D  R  T  V  A  J  R  N  R  P  I  K  K  K  B
C  E  P  G  T  T  A  L  J  A  H  G  É  J  O
H  N  I  T  E  Z  E  Y  N  R  Ö  K  F  P  C
N  E  M  Z  E  T  K  Ö  Z  I  C  L  W  U  L
```

| | |
|---|---|
| SARKVIDÉKI | GÁZ |
| FIGYELEM | GENERÁCIÓK |
| VÁLTOZÁSOK | KORMÁNY |
| ÉGHAJLAT | IPAR |
| VÁLSÁG | NEMZETKÖZI |
| FEJLŐDÉS | JOGSZABÁLYOK |
| ADAT | MOST |
| KÖRNYEZETI | POPULÁCIÓK |
| ENERGIA | TUDÓS |
| JÖVŐ | HŐMÉRSÉKLET |

# 52 - Ballet

```
K S A P C I K F Z V F S S Y M
G É H X C Z E K E N E Z O A Ű
R W S Z X M C M N K L S W B V
J B L Z R O S T E Y M G O Ó É
F A H Z S K E A S U M T I R S
A G I C R É S P Z S S R F P Z
W A X Y V Z G S E T T M D B I
B A L E R I N A R V F Í K H K
K I F E J E Z Ő Z G N D L T U
K Ö Z Ö N S É G Ő W F E V U Z
Y W L V I N T E N Z I T Á S S
K O R E O G R Á F I A P U F N
T Á N C O S O K Z E N E K A R
S Z Ó L Ó G E S Z T U S P W N
T E C H N I K A F I P J M W W
```

| | |
|---|---|
| TAPS | INTENZITÁS |
| MŰVÉSZI | IZMOK |
| BALERINA | ZENE |
| KOREOGRÁFIA | ZENEKAR |
| KÉSZSÉG | KÖZÖNSÉG |
| ZENESZERZŐ | PRÓBA |
| TÁNCOSOK | RITMUS |
| KIFEJEZŐ | SZÓLÓ |
| GESZTUS | STÍLUS |
| KECSES | TECHNIKA |

# 53 - Fruit

```
G P F X N D U M G G N B N C X
U L A K I V I A P S E A M S I
J F K P T O F N J N K N A E H
Á A I N A A A G U Z T Á Z R H
V G K A F J B Ó P E A N C E N
A J C Ó L X A M B A R W I S T
F N A D E M M E Á P I H T Z X
A K R Á Y J A X M L N M R N L
P O A K Ö R T E B D N G O Y P
V O B O W A C Y R E F A M E Ő
T Á A V X U J N B O G Y Ó A L
C B G A G S C N A R A N P B Ő
R R R V S H P I A N A N Á S Z
I A Á C X R E D I B X K T N S
C Ő S Z I B A R A C K U R E B
```

| | |
|---|---|
| SÁRGABARACK | KIVI |
| ANANÁSZ | MANGÓ |
| AVOKÁDÓ | DINNYE |
| BOGYÓ | NEKTARIN |
| BANÁN | NARANCS |
| CSERESZNYE | PAPAJA |
| CITROM | ŐSZIBARACK |
| ÁBRA | KÖRTE |
| MÁLNA | ALMA |
| GUJÁVAFA | SZŐLŐ |

# 54 - Technologie

```
D I G I T Á L I S Á T A T U K
B U K Z R E V T F O Z S R O S
E M I E Ő Y N R E P É K B V Z
T A J O S L W R O Z R U K B Á
Ű Z E A T J Á B E X R P I V M
T J L Z A Y V K I T C I O P Í
Í A Z G T Ü M U Y N N I X A T
P U Ő P I O Z C V D M I K D Ó
U O A V S W M E T L L U P A G
S M M Ő Z S É G N Ö B H U T É
B A I M T V Y P H E X M G A P
Z L A T I S I L Á U T R I V P
V J O I K K A M E R A I D W J
V Á M G A V Í R U S D T R L J
T F F B I Z T O N S Á G F E M
```

KIJELZŐ            BÖNGÉSZŐ
BLOG               DIGITÁLIS
KAMERA             BÁJT
KURZOR             SZÁMÍTÓGÉP
ADAT               BETŰTÍPUS
KÉPERNYŐ           KUTATÁS
FÁJL               BIZTONSÁG
INTERNET           STATISZTIKA
SZOFTVER           VIRTUÁLIS
ÜZENET             VÍRUS

# 55 - Musique

```
B L Y S X N M N Z Z E N E I L
J D E U G Ó P M E T F O E P Í
V D I K E N É P N K E F S A R
U K B I E V V V É L L O Z L A
H A R M Ó N I A S A V R K B I
S R V T J P É D Z S É K Ö U C
O K A I F J N A H S T I Z M X
P L H R T C V L C Z E M C V U
É N E K E S D L D I L O B O T
P V N T D P E A V K P K Y D D
I Z X C Y A O B A U B E O S V
K Ö L T Ő I L Y W S Z Z K Z G
X L O T K A C L W H F G G R D
B M R I T M U S A K T N G C S
U D T S U K I N O M R A H O S
```

ALBUM
BALLADA
ÉNEKEL
ÉNEKES
KLASSZIKUS
FELVÉTEL
HARMÓNIA
HARMONIKUS
ESZKÖZ
LÍRAI

DALLAM
MIKROFON
ZENEI
ZENÉSZ
OPERA
KÖLTŐI
RITMUS
RITMIKUS
TEMPÓ
ÉNEK

# 56 - L'Entreprise

```
B  B  B  L  O  I  U  G  É  S  Ő  N  I  M  S
L  E  H  S  Á  D  A  L  A  H  B  T  A  V  P
E  K  V  K  U  E  B  O  S  H  A  Y  T  G  D
H  O  Í  É  N  V  T  B  R  J  G  J  F  T  M
E  C  T  M  T  N  S  Á  T  A  T  U  M  E  B
T  K  A  R  F  E  B  L  H  U  R  P  V  X  D
Ő  Á  E  E  G  Y  L  I  T  E  L  Z  Ü  I  Ö
S  Z  R  T  D  W  X  S  A  E  R  B  É  R  N
É  A  K  S  H  F  O  R  R  Á  S  O  K  M  T
G  T  E  Z  Í  I  N  N  O  V  A  T  Í  V  É
Y  O  D  A  R  B  E  R  U  H  Á  Z  Á  S  S
S  K  N  K  N  I  P  A  R  E  Z  E  A  H  I
R  Z  E  M  É  E  G  Y  S  É  G  E  K  G  V
K  R  R  A  V  O  Y  T  Y  Y  M  N  V  K  E
W  Z  T  I  O  M  E  A  N  S  S  Z  D  E  V
```

| | |
|---|---|
| ÜZLETI | SZAKMAI |
| KREATÍV | HALADÁS |
| DÖNTÉS | MINŐSÉG |
| GLOBÁLIS | FORRÁSOK |
| IPAR | BEVÉTEL |
| INNOVATÍV | HÍRNÉV |
| BERUHÁZÁS | KOCKÁZATOK |
| LEHETŐSÉG | BÉR |
| BEMUTATÁS | TRENDEK |
| TERMÉK | EGYSÉGEK |

# 57 - Gouvernement

```
K  A  J  G  B  T  E  L  Ü  R  E  K  Y  N  I
B  T  F  Z  É  R  Ö  Á  L  L  A  M  M  E  A
P  O  L  B  K  Z  U  R  N  N  J  E  B  M  I
O  Z  R  E  É  I  H  C  V  P  V  R  J  Z  N
L  I  G  Á  S  Ó  R  Í  B  É  E  K  O  E  N
I  D  M  A  T  D  H  V  M  E  N  U  G  T  E
T  H  P  C  U  N  E  Y  Y  O  A  Y  O  I  M
I  Z  M  U  L  Ó  B  M  I  Z  S  V  K  B  Z
K  P  O  L  G  Á  R  I  O  J  S  O  O  E  E
A  E  M  L  É  K  M  Ű  V  K  M  I  I  S  T
S  Z  A  B  A  D  S  Á  G  I  R  S  K  Z  M
E  G  Y  E  N  L  Ő  S  É  G  T  Á  U  É  G
J  Z  E  Y  N  Á  M  T  O  K  L  A  C  D  N
F  Ü  G  G  E  T  L  E  N  S  É  G  P  I  K
I  G  A  Z  S  Á  G  O  S  S  Á  G  Z  C  A
```

| | |
|---|---|
| POLGÁRI | BÍRÓSÁGI |
| ALKOTMÁNY | IGAZSÁGOSSÁG |
| DEMOKRÁCIA | SZABADSÁG |
| BESZÉD | TÖRVÉNY |
| VITA | EMLÉKMŰ |
| KERÜLET | NEMZET |
| JOGOK | NEMZETI |
| EGYENLŐSÉG | BÉKÉS |
| ÁLLAM | POLITIKA |
| FÜGGETLENSÉG | SZIMBÓLUM |

# 58 - Randonnée

```
C Z E U H B D R P W F F G E X
M S U T A L J A H G É Á A K B
Z K I E K E M P I N G R H U V
U E F Z É H E N G H G A X I T
U W V S M H M G S G F D A T P
Z B O É K A L K I Z S T D P G
E L M M V E S Z É L Y E K A S
C E H R P É K R É T W W C R V
W R B E A V E Ö R S N W S K S
K B Z T N V Í Z V Y S V F O O
Ú T M U T A T Ó K E M Y V K N
I D Ő J Á R Á S M Y K G E D G
Á L L A T O K X R L M J S F T
E L Ő K É S Z Í T É S I W U G
H E G Y O R I E N T Á C I Ó L
```

| | |
|---|---|
| ÁLLATOK | NEHÉZ |
| CSIZMA | IDŐJÁRÁS |
| KEMPING | HEGY |
| TÉRKÉP | TERMÉSZET |
| ÉGHAJLAT | ORIENTÁCIÓ |
| VESZÉLYEK | PARKOK |
| VÍZ | KÖVEK |
| SZIKLA | ELŐKÉSZÍTÉS |
| FÁRADT | VAD |
| ÚTMUTATÓK | NAP |

# 59 - Nutrition

```
F  F  S  S  M  R  P  J  T  K  S  K  É  X  Ö
R  E  T  O  Z  F  P  O  V  E  E  A  T  N  S
E  E  H  G  Í  É  Y  L  Ú  S  H  L  V  K  S
G  R  V  É  C  X  N  F  H  E  O  Ó  Á  O  Z
É  J  W  S  R  N  U  H  N  R  L  R  G  K  E
S  E  R  Ő  X  J  L  I  I  Ű  K  I  Y  É  T
Z  S  D  N  R  W  É  A  X  D  E  A  P  D  E
S  Z  J  I  I  X  L  K  O  O  R  C  S  A  V
É  T  F  M  É  E  H  E  T  Ő  E  Á  É  Y  Ő
G  É  J  N  Z  T  O  T  G  N  Z  S  T  L  K
I  S  Z  B  Z  U  A  I  O  J  S  Z  Z  O  P
E  G  É  S  Z  S  É  G  E  S  Ű  Ó  S  F  K
A  K  C  A  A  M  G  P  P  S  F  S  É  O  M
D  L  R  B  P  W  U  C  I  R  F  Z  M  P  S
A  K  V  I  T  A  M  I  N  C  X  V  E  E  H
```

| | |
|---|---|
| KESERŰ | FOLYADÉKOK |
| ÉTVÁGY | SÚLY |
| KALÓRIA | FEHÉRJÉK |
| EHETŐ | MINŐSÉG |
| DIÉTA | EGÉSZSÉGES |
| EMÉSZTÉS | EGÉSZSÉG |
| FŰSZEREK | SZÓSZ |
| ERJESZTÉS | ÍZ |
| SZÉNHIDRÁTOK | TOXIN |
| ÖSSZETEVŐK | VITAMIN |

# 60 - Créativité

```
G  K  D  R  Á  M  A  I  I  Y  O  T  L  K  X
I  É  M  D  C  R  F  E  V  H  N  Y  C  U  S
N  P  S  N  B  B  D  T  K  Y  L  O  I  S  T
T  Z  Á  Z  X  L  O  A  K  É  X  E  T  Z  D
E  E  M  E  S  W  T  L  R  L  P  K  T  Y  H
N  L  O  M  Ö  É  N  Á  T  N  O  P  S  M  H
Z  E  Y  Ű  T  B  K  L  J  T  H  K  X  Ó  U
I  T  N  V  L  S  S  É  Z  E  J  E  F  I  K
T  I  E  É  E  J  M  K  I  A  É  M  S  C  Ó
Á  S  B  S  F  X  O  I  K  L  L  F  Í  I
S  M  U  Z  E  T  Z  N  P  K  E  E  C  U  Z
F  B  Z  I  K  L  H  Y  N  U  T  Z  V  T  Í
V  I  L  Á  G  O  S  S  Á  G  E  R  C  N  V
S  Z  E  N  Z  Á  C  I  Ó  C  R  É  W  I  G
H  I  T  E  L  E  S  S  É  G  Ő  J  F  U  Z
```

| | |
|---|---|
| MŰVÉSZI | BENYOMÁS |
| HITELESSÉG | IHLET |
| VILÁGOSSÁG | INTENZITÁS |
| KÉSZSÉG | INTUÍCIÓ |
| DRÁMAI | TALÁLÉKONY |
| KIFEJEZÉS | SZENZÁCIÓ |
| ÉRZELMEK | SPONTÁN |
| ÖTLETEK | VÍZIÓK |
| KÉP | ÉLETERŐ |
| KÉPZELET | |

# 61 - Science Fiction

```
C R S K É P Z E L E T B E L I
O O F Z V S S U P K I M B H Z
V B U A É Y P Y Y R C J N N O
Y O T I N L Y O L C V W L G M
N T Ó G P T S E Y L É T J E R
Ö O P Ó L D A Ő K Ö N Y V E K
K K I L V X D S S T Y A P P S
Ó F A O T U E U Z É D H L N S
T S Á N A B B O R T G Á L I V
A C L H R E Á L I S I E J H M
G W R C J Ó S L A T L K S K A
R U O E T Ű Z F T L E A U S T
O C N T G A L A X I S T X S O
F U T U R I S Z T I K U S N M
I L L Ú Z I Ó G Y L O B M X I
```

| | |
|---|---|
| ATOMI | KÖNYVEK |
| MOZI | VILÁG |
| ROBBANÁS | REJTÉLYES |
| SZÉLSŐSÉGES | JÓSLAT |
| FANTASZTIKUS | BOLYGÓ |
| TŰZ | REÁLIS |
| FUTURISZTIKUS | ROBOTOK |
| GALAXIS | FORGATÓKÖNYV |
| ILLÚZIÓ | TECHNOLÓGIA |
| KÉPZELETBELI | UTÓPIA |

# 62 - Professions #1

```
P  M  Ű  V  É  S  Z  T  R  G  E  W  Z  W  J
S  S  K  I  X  Ő  T  Z  S  E  K  R  E  Z  S
O  Ő  Z  D  E  N  I  P  Y  O  Ó  T  K  O  Ü
V  F  T  I  Z  S  Á  G  A  L  L  I  S  C  G
R  P  E  F  C  R  N  Z  B  Ó  O  B  T  Z  Y
O  R  V  O  S  H  T  N  Y  G  P  A  É  O  V
T  V  Ö  N  P  F  O  R  V  U  Á  N  R  N  É
A  A  K  Z  I  M  K  L  F  S  D  K  K  G  D
L  D  Y  M  Z  O  U  J  Ó  U  X  Á  É  O  P
L  Á  G  Z  S  X  J  P  T  G  K  R  P  R  U
Á  S  A  F  É  M  R  P  L  T  U  B  É  I  X
Y  Z  N  X  N  P  D  A  O  D  U  S  S  S  Z
É  K  S  Z  E  R  É  S  Z  R  V  D  Z  T  U
W  F  U  G  Z  X  A  L  Ű  W  O  G  Ó  A  C
T  Á  N  C  O  S  R  R  T  Y  Z  B  Y  S  W
```

| | |
|---|---|
| NAGYKÖVET | SZERKESZTŐ |
| MŰVÉSZ | GEOLÓGUS |
| CSILLAGÁSZ | ÁPOLÓ |
| ÜGYVÉD | ORVOS |
| BANKÁR | ZENÉSZ |
| ÉKSZERÉSZ | ZONGORISTA |
| TÉRKÉPÉSZ | TŰZOLTÓ |
| VADÁSZ | PSZICHOLÓGUS |
| TÁNCOS | TUDÓS |
| EDZŐ | ÁLLATORVOS |

# 63 - Géologie

```
L  I  T  D  W  D  Z  O  C  C  U  H  H  P  W
I  E  A  X  R  P  P  S  I  S  Y  V  Y  G  O
K  E  L  B  V  N  R  C  E  E  I  N  E  V  F
W  Y  T  D  A  V  L  O  K  P  U  D  K  N  W
D  C  W  K  S  R  L  C  Ő  P  S  G  O  G  F
I  W  B  L  D  R  L  R  D  K  C  A  Y  Y  R
N  D  U  T  F  R  F  A  C  Ő  P  K  L  S  Ó
P  H  T  K  R  O  D  V  N  W  P  I  Á  N  U
K  A  L  C  I  U  M  K  N  G  R  É  T  E  G
L  Í  F  O  S  S  Z  I  L  I  S  K  S  N  E
O  Á  S  L  I  P  P  M  I  N  H  O  I  I  R
P  C  V  N  V  U  L  K  Á  N  Z  R  R  T  Ó
O  B  W  A  N  L  X  G  Y  I  Ó  A  K  N  Z
J  R  Í  Z  J  E  G  U  J  T  N  L  M  O  I
D  Z  G  J  T  H  F  V  D  Z  A  L  W  K  Ó
```

| | |
|---|---|
| SAV | GEJZÍR |
| KALCIUM | LÁVA |
| BARLANG | KŐ |
| KONTINENS | FENNSÍK |
| KORALL | KVARC |
| RÉTEG | SÓ |
| KRISTÁLYOK | CSEPPKŐ |
| ERÓZIÓ | VULKÁN |
| OLVADT | ZÓNA |
| FOSSZILIS | |

# 64 - Jardin

```
M V O P E R F F M Z F P E Y G
U Y O G L M X Ü B S A W S W Y
G E R E B L Y E G S M J Z F Ü
D T N G O N D P N G Z S Ő K M
T R A M B U L I N Y Ő Z L O Ö
W E T D K O G D H N T Á Ő M L
F K J A L A T N J T Ö G G O C
H Ű K P V B O K O R M A W Y S
V I R Á G A F F R P L R Y G Ö
T E R A S Z C M B P Ő Á L Y S
L A P Á T L J S E D L Z V F Z
O I S É T Í R E K K P S B K D
J Y L N A K D C K A D M M T W
Y R B U D R E S T X E M K G Y
W C E G H Z K K Y K E U V X T
```

| | |
|---|---|
| FA | GYOMOK |
| PAD | LAPÁT |
| BOKOR | GYEP |
| KERÍTÉS | GEREBLYE |
| TAVACSKA | TALAJ |
| VIRÁG | TERASZ |
| GARÁZS | TRAMBULIN |
| FÜGGŐÁGY | TÖMLŐ |
| FŰ | GYÜMÖLCSÖS |
| KERT | SZŐLŐ |

# 65 - Santé et Bien Être #1

```
R  T  H  O  R  M  O  N  O  K  M  S  Y  O  J
S  E  Ö  O  R  V  O  S  S  Á  G  Y  L  P  M
I  P  F  R  S  É  R  Ü  L  É  S  N  L  C  I
Z  U  K  L  É  X  K  S  M  X  S  B  A  S  U
M  O  O  N  E  S  Á  T  R  A  T  T  S  E  T
O  B  M  D  S  X  G  K  V  Í  R  U  S  M  O
K  Ő  U  W  M  N  T  A  O  Y  U  J  M  L  X
K  R  I  L  O  C  W  G  D  T  U  Z  A  M  O
X  A  R  V  R  J  A  B  Z  E  N  U  G  V  R
E  S  É  L  E  Z  E  K  T  I  S  O  A  J  V
A  K  T  Í  V  É  H  S  É  G  Z  S  S  S  O
F  R  K  T  E  R  Á  P  I  A  O  U  S  C  S
M  L  A  K  I  N  I  L  K  S  K  M  Á  L  F
A  G  B  O  F  W  M  O  T  B  Á  A  G  S  J
M  T  I  P  L  D  B  V  H  G  S  F  O  E  X
```

| | |
|---|---|
| AKTÍV | ORVOSSÁG |
| BAKTÉRIUMOK | IZMOK |
| SÉRÜLÉS | CSONTOK |
| KLINIKA | BŐR |
| ÉHSÉG | TESTTARTÁS |
| TÖRÉS | REFLEX |
| SZOKÁS | TERÁPIA |
| MAGASSÁG | KEZELÉS |
| HORMONOK | VÍRUS |
| ORVOS | |

# 66 - Barbecues

```
R V K D S Z Ö L D S É G E K S
S N O D A J S T L I Z U N E Z
M M A R L O Á Ó S G T T E S D
J U D G Á F Z T Z R P E Z É G
G V Y T T Z X I É S S R H K Y
O R L D Á L A S C K K K C P E
P Á I Z K P K C D R O E K A R
V Y I L V P E L M R F K F R M
S N C G L M V Ö R J A R B A E
H A G Y M A A M D P E I O D K
É H S É G F C Ü Y G L S R I E
E B É D G O S Y P H Z C S C K
G I D R P R O G L U U T D S X
N F E B C R R D R E B D K O J
T H D O S Ó A F I K J O Z M E
```

| | |
|---|---|
| FORRÓ | JÁTÉKOK |
| KÉSEK | ZÖLDSÉGEK |
| EBÉD | ZENE |
| VACSORA | HAGYMA |
| GYERMEKEK | BORS |
| NYÁR | CSIRKE |
| ÉHSÉG | SALÁTÁK |
| CSALÁD | SZÓSZ |
| GYÜMÖLCS | SÓ |
| GRILL | PARADICSOM |

# 67 - Ferme #1

```
B  S  R  B  H  É  M  A  C  S  K  A  C  F  K
O  J  C  T  Ö  E  G  G  N  É  J  N  B  H  U
R  Y  J  I  Y  L  L  T  S  T  T  É  O  T  T
J  T  S  S  O  V  É  O  I  Í  M  Z  É  M  Y
Ú  X  K  K  G  C  K  N  V  R  A  S  K  N  A
T  S  Z  A  M  Á  R  T  Y  E  K  S  C  E  K
E  K  R  I  S  C  R  A  E  K  A  T  V  T  R
H  O  L  V  A  R  J  Ú  P  R  X  Ő  Í  J  I
É  W  Y  Ó  T  R  Á  G  Y  A  O  C  Z  B  Z
N  R  G  S  X  C  U  B  D  J  A  U  V  E  S
G  K  N  G  Á  S  A  D  Z  A  G  Ő  Z  E  M
U  E  W  G  Z  W  D  Y  J  P  M  X  I  Y  K
N  Y  Á  J  U  C  T  M  H  N  F  Y  R  C  L
G  D  Z  V  H  V  M  O  B  U  Y  R  T  F  J
E  C  C  Y  X  I  Z  Z  H  M  E  X  A  T  E
```

| | |
|---|---|
| MÉH | VARJÚ |
| MEZŐGAZDASÁG | VÍZ |
| SZAMÁR | TRÁGYA |
| BÖLÉNY | SZÉNA |
| MEZŐ | MÉZ |
| MACSKA | CSIRKE |
| LÓ | RIZS |
| KECSKE | NYÁJ |
| KUTYA | TEHÉN |
| KERÍTÉS | BORJÚ |

# 68 - Café

```
S  K  V  F  R  W  O  U  S  U  D  K  Z  A  X
C  H  K  E  Y  X  Z  C  P  A  E  É  G  R  G
N  H  U  O  O  W  N  C  N  T  V  D  O  O  F
E  E  I  B  S  F  A  W  I  J  R  A  P  M  R
G  Z  C  T  E  D  E  R  E  A  H  Y  S  A  T
V  Í  Z  L  T  P  Ű  K  F  F  O  L  E  Y  E
B  V  Z  Ö  B  J  R  F  F  V  T  O  K  U  J
C  R  O  K  U  C  E  W  O  Y  O  F  C  E  L
I  L  Ő  R  Ű  Z  S  L  K  E  P  C  X  B  F
T  G  H  Ö  É  T  E  K  E  F  Y  W  D  R  T
B  F  S  P  Z  G  K  C  V  I  D  A  F  Z  D
A  Á  R  V  S  F  G  T  E  U  C  O  R  L  L
H  F  T  B  É  B  B  E  P  X  X  B  Z  Y  U
O  D  E  G  S  S  U  C  L  A  T  I  Z  T  N
M  D  N  S  C  D  A  R  Á  L  C  K  R  É  M
```

| | |
|---|---|
| SAVAS | REGGEL |
| KESERŰ | DARÁL |
| AROMA | FEKETE |
| ITAL | EREDET |
| KOFFEIN | ÁR |
| KRÉM | PÖRKÖLT |
| VÍZ | ÍZ |
| SZŰRŐ | CUKOR |
| TEJ | CSÉSZE |
| FOLYADÉK | FAJTA |

# 69 - Antarctique

```
M  B  Z  X  A  D  G  I  K  Ő  H  L  E  F  B
Ó  I  C  Í  D  E  P  X  E  A  R  S  G  R  S
F  H  G  S  S  O  I  O  T  O  C  N  K  R  W
Ö  S  T  R  C  D  L  S  E  Z  Z  E  P  O  V
L  M  O  V  Á  E  D  N  G  K  Á  N  L  Á  B
D  E  Z  Y  N  C  K  H  I  I  U  I  R  B  T
R  G  K  J  N  S  I  X  Z  L  W  T  Y  T  V
A  Ő  A  G  C  Á  L  Ó  S  V  X  N  A  R  Y
J  R  R  Z  D  L  M  C  W  U  U  O  J  T  K
Z  Z  A  Z  Y  K  A  O  C  F  C  K  H  X  Ó
O  É  D  T  N  I  T  F  D  B  W  G  G  Z  G
R  S  A  G  Z  Z  V  Í  Z  U  I  Ö  B  Ö  L
H  Ő  M  É  R  S  É  K  L  E  T  W  B  O  G
L  P  E  J  F  É  L  S  Z  I  G  E  T  I  Z
K  Ö  R  N  Y  E  Z  E  T  U  G  Z  I  R  R
```

ÖBÖL                JÉG
BÁLNÁK              SZIGETEK
KUTATÓ              MIGRÁCIÓ
MEGŐRZÉS            FELHŐK
KONTINENS           MADARAK
VÍZ                 FÉLSZIGET
KÖRNYEZET           SZIKLÁS
EXPEDÍCIÓ           TUDOMÁNYOS
FÖLDRAJZ            HŐMÉRSÉKLET

# 70 - Professions #2

```
K  K  F  U  C  N  V  O  X  B  Y  R  F  F  K
U  U  U  E  Z  X  I  R  N  R  T  O  E  I  Ö
T  G  T  U  S  D  N  V  U  A  C  T  L  L  N
A  V  O  E  É  T  X  O  B  T  K  Á  T  O  Y
T  O  Z  X  V  Z  Ő  S  U  U  J  R  A  Z  V
Ó  L  S  N  L  T  A  N  Á  R  K  T  L  Ó  T
K  B  O  K  E  F  A  P  Ű  X  A  Z  Á  F  Á
Ú  E  I  M  Y  K  Ö  N  R  É  M  S  L  U  R
J  C  R  O  N  I  M  H  H  Y  D  U  Ó  S  O
S  H  M  T  L  A  I  E  A  T  Ó  L  I  P  S
Á  T  W  N  É  Ó  D  K  J  I  A  L  H  Z  K
G  H  M  L  C  S  G  E  Ó  N  M  I  J  H  M
Í  V  I  R  R  J  Z  U  S  S  E  B  É  S  Z
R  N  Y  O  M  O  Z  Ó  S  Ó  T  O  F  I  X
Ó  F  O  G  O  R  V  O  S  J  D  S  C  Y  Y
```

| | |
|---|---|
| ŰRHAJÓS | FELTALÁLÓ |
| KÖNYVTÁROS | KERTÉSZ |
| BIOLÓGUS | ÚJSÁGÍRÓ |
| KUTATÓ | NYELVÉSZ |
| SEBÉSZ | ORVOS |
| FOGORVOS | FESTŐ |
| NYOMOZÓ | FILOZÓFUS |
| TANÁR | FOTÓS |
| ILLUSZTRÁTOR | PILÓTA |
| MÉRNÖK | |

# 71 - Les Abeilles

```
X  É  P  B  F  M  S  C  A  X  E  P  S  N  S
K  J  L  O  H  É  U  Y  P  G  O  I  U  Ö  O
V  G  V  E  L  Z  Z  R  A  V  O  R  E  V  K
T  E  C  S  L  L  E  A  N  T  X  R  T  É  F
J  L  K  F  É  M  E  J  J  V  O  W  A  N  É
B  U  L  N  L  V  I  N  E  X  B  L  N  Y  L
O  C  K  D  Ő  I  Z  S  A  I  V  F  S  E  E
G  B  Y  A  H  R  R  X  Z  F  Ü  S  T  K  S
Á  Y  J  W  E  Á  Á  M  M  E  L  L  R  X  É
R  S  Ü  V  L  G  T  I  E  M  R  K  E  K  G
I  B  S  M  Y  O  P  H  P  F  W  H  K  R  I
V  B  Y  U  Ö  K  A  Y  N  R  Á  Z  S  F  U
B  F  T  A  C  L  K  K  I  R  Á  L  Y  N  Ő
B  S  A  R  C  W  C  A  V  J  O  Y  K  P  R
T  X  C  H  I  M  Z  S  Ö  Y  N  Ő  L  E  G
```

| | |
|---|---|
| SZÁRNYAK | ROVAR |
| ELŐNYÖS | KERT |
| VIASZ | MÉZ |
| SOKFÉLESÉG | ÉLELMISZER |
| RAJ | NÖVÉNYEK |
| VIRÁG | POLLEN |
| VIRÁGOK | KIRÁLYNŐ |
| GYÜMÖLCS | KAPTÁR |
| FÜST | NAP |
| ÉLŐHELY | |

# 72 - Santé et Bien Être #2

```
W E E I T A F E É K A M T N F
A N O G R E P L T Ó L A Á X E
N V V D É L S U V R L S P P R
A E S I D S M T Á H E S L K T
T N J W R I Z H G Á R Z Á I Ő
Ó I X K D Y J S Y Z G Á L S Z
M K A L Ó R I A É Y I Z K Z É
I Z E X V X R Y G G A S O Á S
A F E L É P Ü L É S E G Z R S
S T R E S S Z Ú S R C S Á A N
V I T A M I N S G X Y I S D Y
E N E R G I A A E G Z C S Á V
E M K V O A K I T E N E G S É
H I G I É N I A E D K E I Z R
N U I C V B R W B M X R E J K
```

| | |
|---|---|
| ALLERGIA | FERTŐZÉS |
| ANATÓMIA | BETEGSÉG |
| ÉTVÁGY | MASSZÁZS |
| KALÓRIA | TÁPLÁLKOZÁS |
| TEST | SÚLY |
| KISZÁRADÁS | FELÉPÜLÉS |
| ENERGIA | EGÉSZSÉGES |
| GENETIKA | VÉR |
| KÓRHÁZ | STRESSZ |
| HIGIÉNIA | VITAMIN |

# 73 - Conduite

```
V M O L A G R O F C U G D B Ü
G T O Ó Y T I M G S J W V K Z
É Ú T T E S E L A B V H S P E
S D I U O M W H X N Z D F T M
R Z U A T R G A R Á Z S J É A
Ő Á Á Y A L A G Ú T N G I R N
D G P L G Y A L O G O S V K Y
N L H É L M L W C A I N Y É A
E H Y Z T Í E É D C M X U P G
R J G S N C T M D N A U F L Y
C I G E C I Z Á K E K É F J T
I T U V I Y U N S O G T O K R
T S E B E S S É G S W N V T W
S B I Z T O N S Á G B D E A O
M O T O R K E R É K P Á R A G
```

| | |
|---|---|
| BALESET | MOTORKERÉKPÁR |
| KAMION | GYALOGOS |
| ÜZEMANYAG | RENDŐRSÉG |
| TÉRKÉP | ÚT |
| VESZÉLY | BIZTONSÁG |
| FÉKEK | FORGALOM |
| GARÁZS | SZÁLLÍTÁS |
| GÁZ | ALAGÚT |
| ENGEDÉLY | SEBESSÉG |
| MOTOR | AUTÓ |

# 74 - Plantes

```
T G N C O K M T N O H S P Z S
N R Y Y G E L H V V Ó Z A W Y
L Ö Á Ö W R W I V A Y I J C Z
O I V G K T V I R Á G R I V C
M B N É Y É N R O S O O F A F
B E Ő A N A R I K P B M X K P
O R P F Á Y Y W O S A U W I E
Z D X V Y B V D B Z B N N N H
A Ő F G T C N I Z S U T K A K
T Y X I S J I K L N P Y H T E
C S H C O C U A I Á L C P O A
F W O E R H S V S L G K D B O
Ű K R I O Z C K B A M B U S Z
O C B M B E Y A X C C J M U X
C M O H A N Ö V É N Y Z E T B
```

| | |
|---|---|
| FA | ERDŐ |
| BOGYÓ | NŐ |
| BAMBUSZ | BAB |
| BOTANIKA | FŰ |
| BOKOR | KERT |
| KAKTUSZ | BOROSTYÁN |
| TRÁGYA | MOHA |
| LOMBOZAT | SZIROM |
| VIRÁG | GYÖKÉR |
| NÖVÉNYVILÁG | NÖVÉNYZET |

# 75 - Ferme #2

```
A M N L Á M A M W F H A V R I
S S Ö G Y Z D E X M É H K A S
O R V Y C X D P O N Z U R D C
B N É N H W R R W D L J R Z L
N R N F G C N R É Z B U O A Ö
C O Y N Á R Á B Y T I Ú T G M
U T I E L Z U G U I C C Z V Ü
I K E X H H Y V H M D C S A Y
W A T J A P P D U K H P Á C G
A R E Z S I M L E L É Y P I K
A T N X Á R P A K C D A H R A
Ö N T Ö Z É S O L Z C Y V O C
G Y Ü M Ö L C S Ö S E I M K S
W C Y R G Y R F U L U L O U A
Á L L A T O K L Z X M V X K R
```

| | |
|---|---|
| BÁRÁNY | LÁMA |
| GAZDA | NÖVÉNYI |
| ÁLLATOK | KUKORICA |
| PÁSZTOR | JUH |
| BÚZA | ÉLELMISZER |
| KACSA | ÁRPA |
| GYÜMÖLCS | RÉT |
| PAJTA | MÉHKAS |
| ÖNTÖZÉS | TRAKTOR |
| TEJ | GYÜMÖLCSÖS |

# 76 - Vacances #2

```
H  H  A  F  O  G  L  A  L  Á  S  O  K  V  Y
B  V  D  G  L  X  P  W  O  V  W  Y  H  E  H
B  P  O  G  H  O  E  S  Á  L  A  R  A  Y  N
R  É  L  N  D  K  O  Á  K  T  A  X  I  U  D
X  K  L  I  A  Ó  É  T  T  E  R  E  M  P  N
R  R  Á  P  G  T  U  Í  W  S  Z  I  G  E  T
Ú  É  Z  M  G  O  T  L  V  J  K  E  B  J  S
S  T  S  E  O  F  E  L  O  Í  Z  P  O  E  Z
V  Y  L  K  X  R  N  Á  S  Á  Z  A  T  U  A
T  S  V  E  N  N  G  Z  F  M  E  U  U  Z  B
O  Z  Y  Z  V  R  E  S  Y  W  U  U  M  U  A
Z  W  U  R  G  É  R  O  T  Á  S  J  S  P  D
I  F  J  J  I  D  L  Ö  F  L  Ü  K  R  O  I
S  T  R  A  N  D  I  T  B  D  K  F  D  W  D
R  E  P  Ü  L  Ő  T  É  R  X  N  Z  Y  Z  Ő
```

| | |
|---|---|
| REPÜLŐTÉR | STRAND |
| KEMPING | ÉTTEREM |
| TÉRKÉP | FOGLALÁSOK |
| KÜLFÖLDI | TAXI |
| SZÁLLODA | SÁTOR |
| SZIGET | VONAT |
| SZABADIDŐ | SZÁLLÍTÁS |
| TENGER | NYARALÁS |
| ÚTLEVÉL | VÍZUM |
| FOTÓK | UTAZÁS |

# 77 - Temps

```
L  X  H  T  I  G  U  C  R  E  R  M  D  P  M
X  M  Ó  E  P  M  K  C  R  E  G  G  E  L  W
É  V  N  G  N  V  O  B  H  E  M  Y  Z  É  P
S  I  A  N  U  D  T  B  A  G  P  X  I  D  G
S  U  P  A  N  T  É  H  M  M  G  L  T  L  Z
D  U  Z  P  H  T  Á  R  A  M  A  U  V  I  Z
M  S  O  W  Ó  Ő  V  N  R  M  K  C  É  F  B
H  N  X  L  R  L  E  S  I  O  A  A  E  P  H
V  R  E  A  A  E  X  I  P  S  Z  N  Y  N  F
U  A  B  F  R  D  V  M  F  T  S  O  I  E  L
A  J  U  S  Z  Á  Z  A  D  J  J  L  V  V  P
W  S  M  E  G  D  D  J  Z  J  É  P  H  L  D
É  V  E  S  G  R  B  Ö  N  D  L  I  O  A  U
L  I  P  W  Y  Z  L  V  Z  V  E  R  U  Y  A
B  N  A  P  T  Á  R  Ő  N  W  G  D  N  M  D
```

| | |
|---|---|
| ÉV | TEGNAP |
| ÉVES | NAP |
| UTÁN | MOST |
| MA | REGGEL |
| ELŐTT | DÉL |
| HAMAR | PERC |
| NAPTÁR | HÓNAP |
| ÉVTIZED | ÉJSZAKA |
| JÖVŐ | HÉT |
| ÓRA | SZÁZAD |

# 78 - Maison

```
K P O B A L V Z U K A L B A A
U A B J S Z Á R A G E P U Y S
L D E O D N K M H G Ű R P E S
C L M S X K O G P E D W T W É
S Á A E H Z Ó L L A D N A K T
O S J S N Z F P H B K B R S Í
K R T Z L N E O R O X W R I R
W X Ó Ő I U Y B P Z K B J O E
D R V N Z F E E F S P M F I K
C W O Y N A H U Z K O N Y H A
T F K E L N N L D E Ő G H P T
Ü T N G H O A Y D I T E L D P
K Ö Y N Ö G G Ü F V E N L H C
Ö H C W P W J T J J T W H T X
R Á T V Y N Ö K A F J F A L Z
```

| | |
|---|---|
| SEPRŰ | PADLÁS |
| KÖNYVTÁR | KERT |
| SZOBA | LÁMPA |
| KANDALLÓ | TÜKÖR |
| KULCSOK | FAL |
| KERÍTÉS | MENNYEZET |
| KONYHA | AJTÓ |
| ZUHANY | FÜGGÖNYÖK |
| ABLAK | SZŐNYEG |
| GARÁZS | TETŐ |

# 79 - Légumes

```
P  A  D  L  I  Z  S  Á  N  Z  S  S  I  H  N
B  R  O  K  K  O  L  I  P  S  N  I  S  A  B
T  S  Á  R  G  A  R  É  P  A  W  A  C  G  Z
Ö  P  A  R  A  D  I  C  S  O  M  F  C  Y  C
K  A  M  Y  G  A  H  Ó  R  O  Y  G  O  M  Z
I  P  K  B  N  K  B  P  Ó  L  E  F  O  A  Ó
D  É  P  E  T  R  E  Z  S  E  L  Y  E  M  Y
R  R  U  C  T  Ó  I  A  R  É  B  M  Ö  Y  G
E  R  S  B  F  V  N  R  O  A  F  E  Z  J  O
T  É  U  T  O  Y  S  E  B  R  S  G  E  P  B
E  H  K  N  V  R  S  B  P  B  A  O  L  J  J
K  E  V  V  C  B  K  O  N  S  L  M  L  G  A
J  F  A  Y  X  E  V  A  G  W  Á  B  E  A  L
A  R  T  I  C  S  Ó  K  A  K  T  A  R  T  O
F  O  K  H  A  G  Y  M  A  Z  A  V  K  G  K
```

| | |
|---|---|
| FOKHAGYMA | SPENÓT |
| ARTICSÓKA | GYÖMBÉR |
| PADLIZSÁN | FEHÉRRÉPA |
| BROKKOLI | HAGYMA |
| SÁRGARÉPA | OLAJBOGYÓ |
| ZELLER | PETREZSELYEM |
| GOMBA | BORSÓ |
| TÖK | RETEK |
| UBORKA | SALÁTA |
| MOGYORÓHAGYMA | PARADICSOM |

# 80 - Famille

```
G  P  S  G  G  F  R  A  Y  N  Á  L  Y  Z  A
C  J  V  O  J  W  É  J  H  A  Y  N  A  S  N
Y  P  H  A  Y  U  V  R  M  G  G  A  R  C  Y
S  K  S  T  M  D  T  O  J  Y  C  P  P  Ö  A
G  A  J  W  O  G  S  K  W  M  T  A  V  A  I
E  P  D  Y  M  É  E  K  X  A  C  Y  F  K  I
Ő  A  O  X  K  S  T  E  B  M  N  G  U  O  S
S  J  M  H  J  E  A  M  R  A  É  A  N  N  C
V  Á  Y  V  W  L  K  R  E  B  N  N  O  U  Á
T  K  K  X  Z  E  O  E  S  X  I  Z  K  R  B
W  O  W  W  L  F  N  Y  M  N  S  Z  A  O  Y
W  N  Z  I  O  C  U  G  A  R  Y  R  H  L  G
J  U  E  T  E  S  T  V  É  R  E  V  Ú  N  A
R  U  O  U  N  E  K  E  M  R  E  Y  G  X  N
B  J  V  W  E  I  O  X  F  J  I  I  G  X  P
```

ŐS  
UNOKATESTVÉR  
GYERMEKKOR  
GYERMEK  
GYERMEKEK  
FELESÉG  
LÁNYA  
TESTVÉR  
NAGYMAMA  
NAGYAPA  

FÉRJ  
ANYAI  
ANYA  
UNOKAÖCS  
UNOKAHÚG  
NAGYBÁCSI  
APAI  
UNOKÁJA  
APA  
NÉNI

# 81 - Oiseaux

```
L Z W A B T X K H S A R D T X
W S K L A F I R N X F P D O C
J M V X S T R U C C K I N J S
P H C G Y P P R M J A M Á Á I
H A T T Y Ú I S J N K B K S R
Y Y J C W X N F L C U C I X K
Y L Á R I S G U L S K N L L E
M Ó G E H I V Y S A K D E A G
E G A E B K I P J V M T P O N
K K P V M Y N A O Á L I D B O
L A A P A G R R P P P X N N O
T K P R L C É V A R J Ú Á G O
K A C S A P V M K I H S K L Ó
F P D D G V E R É B K W U F G
W L I A V S A S T X H H T D W
```

| | |
|---|---|
| SAS | PINGVIN |
| STRUCC | VERÉB |
| KACSA | SIRÁLY |
| GÓLYA | TOJÁS |
| GALAMB | LIBA |
| VARJÚ | PÁVA |
| KAKUKK | PAPAGÁJ |
| HATTYÚ | PELIKÁN |
| FLAMINGÓ | CSIRKE |
| GÉM | TUKÁN |

# 82 - Disciplines Scientifiques

```
S  Z  O  C  I  O  L  Ó  G  I  A  H  A  G  M
P  J  G  A  I  G  Ó  L  O  R  U  E  N  G  E
T  A  Z  S  Á  G  A  L  L  I  S  C  A  I  C
R  I  G  O  J  V  E  Z  D  F  X  N  T  M  H
É  M  A  I  G  Ó  L  O  I  Z  I  F  Ó  M  A
G  É  V  N  A  T  T  A  L  L  Á  Y  M  U  N
É  K  J  X  R  M  H  P  W  Ó  E  L  I  N  I
S  O  B  O  T  A  N  I  K  A  G  M  A  O  K
Z  I  B  I  O  L  Ó  G  I  A  F  I  S  L  A
E  B  Ö  K  O  L  Ó  G  I  A  C  C  A  Ó  K
T  P  S  Z  I  C  H  O  L  Ó  G  I  A  G  É
Á  S  V  Á  N  Y  T  A  N  L  D  O  F  I  M
T  E  R  M  O  D  I  N  A  M  I  K  A  A  I
M  E  T  E  O  R  O  L  Ó  G  I  A  S  W  A
U  X  N  N  Y  E  L  V  É  S  Z  E  T  W  V
```

| | |
|---|---|
| ANATÓMIA | NYELVÉSZET |
| RÉGÉSZET | MECHANIKA |
| CSILLAGÁSZAT | METEOROLÓGIA |
| BIOKÉMIA | ÁSVÁNYTAN |
| BIOLÓGIA | NEUROLÓGIA |
| BOTANIKA | FIZIOLÓGIA |
| KÉMIA | PSZICHOLÓGIA |
| ÖKOLÓGIA | SZOCIOLÓGIA |
| GEOLÓGIA | TERMODINAMIKA |
| IMMUNOLÓGIA | ÁLLATTAN |

# 83 - Maladie

```
D P Z L C J G A G Á E U V O E
H G F É M A Y L Y R G L I F L
J F B G K M J L U R M Y W W G
F I E Z O S T E L I C T É U E
E E Y É T O E R L A S Y R K F
R G G S N O S G A K U K Z X I
T N E É O V T I D I K H D N G
Ő E H L S Í K A Á T I S A H L
Z Y L O C Z P S S E N L L E W
Ő G C H Z S S V D N Ó T O N S
T E R Á P I A É H E R Ü O A G
P R J H N F K J G G K D B O I
Ö R Ö K L E T E S J N Ő D T D
N E U R O P Á T I A P V X M K
J H I M M U N I T Á S K L M E
```

HASI
ALLERGIA
WELLNESS
KRÓNIKUS
FERTŐZŐ
TEST
SZÍV
GYENGE
GENETIKAI
ÖRÖKLETES

IMMUNITÁS
GYULLADÁS
ÁGYÉKI
NEUROPÁTIA
CSONTOK
TÜDŐ
LÉGZÉS
EGÉSZSÉG
TERÁPIA

# 84 - Univers

```
Y  G  S  N  N  S  S  I  E  M  L  A  K  S  Z
H  Á  A  Ó  S  K  L  G  G  A  Á  S  O  Z  C
O  S  Y  L  N  X  A  Y  C  T  Z  Z  É  F
R  Ú  L  U  A  D  S  G  E  S  H  T  M  L  É
I  Z  Á  D  J  X  M  Z  N  I  A  E  I  E  L
Z  S  P  R  V  S  I  Ő  L  L  T  R  K  S  T
O  S  E  O  E  Ö  Z  S  Í  L  Ó  O  U  S  E
N  O  T  F  O  T  B  C  T  A  L  I  S  É  K
T  H  J  P  M  É  T  V  Ő  G  S  D  I  G  E
L  D  C  A  L  T  I  Á  P  Á  I  A  P  É  G
N  É  J  N  P  S  Y  T  T  S  H  O  L  D  G
A  F  G  W  J  É  U  C  B  Z  H  N  N  A  P
N  P  D  K  A  G  Z  M  W  A  H  N  Z  X  O
K  X  V  B  Ö  U  S  X  S  T  X  P  L  M  W
Y  X  J  T  I  R  Á  L  L  A  T  Ö  V  R  I
```

| | |
|---|---|
| ASZTEROIDA | HOSSZÚSÁG |
| CSILLAGÁSZAT | HOLD |
| LÉGKÖR | SÖTÉTSÉG |
| ÉG | PÁLYA |
| KOZMIKUS | NAP |
| EGYENLÍTŐ | NAPFORDULÓ |
| GALAXIS | TÁVCSŐ |
| FÉLTEKE | LÁTHATÓ |
| HORIZONT | ÁLLATÖV |
| SZÉLESSÉG | |

# 85 - Géographie

```
M  K  A  X  V  D  A  F  F  N  H  B  F  Ó  T
H  A  J  K  O  N  T  I  N  E  N  S  É  C  E
E  P  G  J  B  G  Á  V  I  D  É  K  L  E  R
G  I  Á  A  N  É  G  I  G  P  S  E  T  Á  Ü
Y  F  L  X  S  S  U  U  D  W  R  B  E  N  L
Y  O  I  M  G  S  R  B  W  I  R  O  K  R  E
N  L  V  N  T  E  Á  S  R  Z  R  N  E  K  T
C  Y  V  Y  T  L  L  G  E  E  Y  E  N  B  E
H  Ó  R  U  G  É  A  T  L  A  S  Z  M  T  G
E  C  E  G  Á  Z  R  Y  B  T  E  H  T  F  I
M  M  K  A  Z  S  É  K  F  I  D  Y  E  V  Z
W  T  S  T  S  O  E  X  É  J  É  U  N  B  S
G  B  G  P  R  R  O  T  K  P  L  A  G  B  M
X  I  N  I  O  Á  X  Y  Y  I  X  M  E  B  Y
Y  Y  F  W  S  V  N  Z  Z  Z  M  N  R  O  O
```

| | |
|---|---|
| MAGASSÁG | VILÁG |
| ATLASZ | HEGY |
| TÉRKÉP | ÉSZAK |
| KONTINENS | ÓCEÁN |
| FOLYÓ | NYUGAT |
| FÉLTEKE | ORSZÁG |
| SZIGET | VIDÉK |
| SZÉLESSÉG | DÉL |
| TENGER | TERÜLET |
| MERIDIÁN | VÁROS |

# 86 - Bâtiments

```
L A K Á S Z Á R A G L Y K T G
G É S T E V Ö K Y G A N Ó Y Y
V M M P C J O G L D B Z R S Á
Y Á A D A Y M T E O O V H M R
L K R S G J E O H N R Z Á Ú O
I S K O L A T R Ű S A Á Z Z V
T O R O N Y E A M Z T H Y E K
S R T G I J Y P P Á Ó N W U B
V Á U U B Z G D J L R Í N M U
L J T A A A E E T L I Z O M O
I G T O K X J A N O U S I C V
C Z N G R Z W Z V D M P D S Y
H Y O C A C B A E A W C A K V
S Z U P E R M A R K E T T O C
T L R L R L A B M W H I S P J
```

| | |
|---|---|
| NAGYKÖVETSÉG | SZÁLLODA |
| LAKÁS | LABORATÓRIUM |
| MŰHELY | MÚZEUM |
| KABIN | STADION |
| VÁR | SZUPERMARKET |
| MOZI | SÁTOR |
| ISKOLA | SZÍNHÁZ |
| GARÁZS | TORONY |
| PAJTA | EGYETEM |
| KÓRHÁZ | GYÁR |

# 87 - Activités et Loisirs

```
H  K  E  R  T  É  S  Z  K  E  D  É  S  R  N
R  O  S  A  X  H  P  A  L  R  N  Y  F  E  P
Ö  T  B  K  O  S  Á  R  L  A  B  D  A  B  M
P  G  S  B  P  C  S  É  Z  Ö  F  R  Ö  Z  S
L  B  Z  S  I  N  E  T  J  I  U  V  G  B  Á
A  A  Y  N  E  S  R  E  V  R  T  U  P  J  Z
B  S  H  R  P  Á  W  C  M  D  B  G  B  P  S
D  E  A  U  B  D  G  W  D  A  A  G  O  H  Ú
A  B  L  T  O  O  C  O  I  N  L  U  U  L  E
S  A  Á  A  L  K  K  U  R  F  L  I  L  D  F
X  L  S  Z  C  R  G  S  T  Ú  R  Á  Z  Á  S
D  L  Z  Á  J  Á  T  E  Z  S  É  V  Ű  M  F
F  A  A  S  T  V  F  E  S  T  M  É  N  Y  Y
T  W  T  T  S  Ú  P  I  H  E  N  T  E  T  Ő
C  E  P  D  M  B  O  K  E  M  P  I  N  G  V
```

| | |
|---|---|
| MŰVÉSZET | HOBBI |
| BASEBALL | FESTMÉNY |
| KOSÁRLABDA | HALÁSZAT |
| BOKSZ | BÚVÁRKODÁS |
| KEMPING | TÚRÁZÁS |
| VERSENY | PIHENTETŐ |
| FUTBALL | SZÖRFÖZÉS |
| GOLF | TENISZ |
| KERTÉSZKEDÉS | RÖPLABDA |
| ÚSZÁS | UTAZÁS |

# 88 - Livres

```
T  G  R  M  T  X  W  G  M  A  S  M  N  Y  K
A  Y  N  É  G  E  R  H  Y  S  T  C  Z  U  E
L  Ű  P  K  Ö  L  T  É  S  Z  E  T  T  O  T
Á  J  S  Z  E  R  Z  Ő  T  R  É  F  Á  S  T
L  T  A  Z  O  R  O  S  U  S  W  S  U  H  Ő
É  E  T  F  X  Y  T  V  W  D  E  U  L  K  S
K  M  O  Ö  T  Ö  R  T  É  N  E  T  G  I  S
O  É  I  L  R  I  O  F  M  A  D  X  P  V  É
N  N  R  U  V  T  R  Y  E  L  C  E  H  P  G
Y  Y  R  G  I  A  É  O  O  A  R  T  O  E  W
V  E  R  S  V  L  S  N  D  K  R  N  Z  P  T
O  L  D  A  L  G  E  Ó  E  A  Y  O  C  I  Z
N  A  R  R  Á  T  O  R  K  L  L  K  O  K  N
T  R  A  G  I  K  U  S  V  K  M  M  A  U  J
Ó  Z  O  K  T  A  N  O  V  E  D  I  I  S  X
```

| | |
|---|---|
| SZERZŐ | OLVASÓ |
| KALAND | IRODALMI |
| GYŰJTEMÉNY | NARRÁTOR |
| KONTEXTUS | OLDAL |
| KETTŐSSÉG | IDE VONATKOZÓ |
| EPIKUS | VERS |
| TÖRTÉNET | KÖLTÉSZET |
| TÖRTÉNELMI | REGÉNY |
| TRÉFÁS | SOROZAT |
| TALÁLÉKONY | TRAGIKUS |

# 89 - Pays #2

```
Y I U H O G O A A L S L A D M
C D S M P G H A X D Á N I A N
E B W R M A G O W Y I D Y U U
I Y P S J A M A I C A Y F G K
I K V U Z G P A K I S Z T Á N
A N V W R U N C U W I S L Z Í
K R D D E A D N A G U O N S R
K E X O A I N Á B L A A X R O
A C N X N B C P N P I L X O R
E Y G Y E É T A X A I R Í Z S
J E K B A I Z J M G B H A S Z
M E X I K Ó D I H A I T I O Á
K Í N A D N O N A B I L Y R G
F R A N C I A O R S Z Á G O R
S Z O M Á L I A U K R A J N A
```

| | |
|---|---|
| ALBÁNIA | LAOSZ |
| KÍNA | LIBANON |
| DÁNIA | MEXIKÓ |
| FRANCIAORSZÁG | UGANDA |
| HAITI | PAKISZTÁN |
| INDONÉZIA | OROSZORSZÁG |
| ÍRORSZÁG | SZOMÁLIA |
| JAMAICA | SZUDÁN |
| JAPÁN | SZÍRIA |
| KENYA | UKRAJNA |

# 90 - Fournitures d'Art

```
F F X N P P A S Z T E L L F R
G A Y G A S R S H Z N I A E A
O C K T P Z E Z P Y E R S S D
P L E A Í É M Í G I R K Z T Í
L M A R R K A N S T U A T Ő R
X H P J U A K E Á D Z G A Á W
Z E D B N Z T K T R G F L L E
K F S B K Í Á E I I U P I L C
G D I H J V R K V P N Y U V S
R A G A S Z T Ó I Y É T Z Á E
Ö T L E T E K L T F Z W A N T
U N R G I S Y A A B S V C Y E
Z R D E K E L L E R A V K A K
B C A V M Y A Z R U F P M R X
V Y D N G U P H K L O R K Y B
```

| | |
|---|---|
| AKRIL | CERUZÁK |
| AKVARELLEK | KREATIVITÁS |
| AGYAG | VÍZ |
| ECSETEK | TINTA |
| KAMERA | RADÍR |
| SZÉK | OLAJ |
| FASZÉN | ÖTLETEK |
| FESTŐÁLLVÁNY | PAPÍR |
| RAGASZTÓ | PASZTELL |
| SZÍNEK | ASZTAL |

# 91 - Eau

```
F  G  É  S  S  E  V  D  E  N  Á  E  C  Ó  H
H  O  R  H  H  B  O  Y  X  G  Z  K  S  T  I
T  U  L  P  Á  R  O  L  G  Á  S  L  A  G  M
D  D  L  Y  E  S  Ő  F  A  G  Y  G  T  Ő  U
R  E  V  L  Ó  T  A  H  I  N  N  E  O  Z  S
Z  Í  V  R  Á  Z  O  U  R  E  A  J  R  N  X
R  B  K  M  U  M  T  N  V  D  H  Z  N  N  Y
P  E  P  E  L  L  O  Á  X  V  U  Í  A  L  M
Ö  N  T  Ö  Z  É  S  K  L  E  Z  R  A  X  K
Z  U  R  C  S  E  X  I  U  S  U  J  P  Z  G
R  Z  R  I  D  Z  T  R  Z  K  C  P  B  E  T
R  S  C  H  E  C  D  R  L  W  G  J  S  J  D
L  N  X  N  G  G  L  U  J  B  O  N  É  N  Z
U  O  D  L  W  D  C  H  K  H  A  S  C  G  M
G  M  F  K  C  U  G  N  N  O  W  U  E  M  F
```

| | |
|---|---|
| CSATORNA | ÖNTÖZÉS |
| ZUHANY | TÓ |
| PÁROLGÁS | MONSZUN |
| FOLYÓ | HÓ |
| FAGY | ÓCEÁN |
| GEJZÍR | HURRIKÁN |
| JÉG | ESŐ |
| NEDVES | IHATÓ |
| NEDVESSÉG | HULLÁMOK |
| ÁRVÍZ | GŐZ |

# 92 - Jazz

```
I  D  C  H  G  S  X  M  U  I  R  E  E  G  B
M  O  A  L  B  U  M  Ű  O  G  L  U  L  M  U
P  B  F  S  A  L  C  F  D  W  R  V  G  W  F
R  O  Ú  G  K  Í  P  A  R  A  K  E  N  E  Z
O  K  D  J  S  T  J  J  Y  Ó  L  Ó  Z  S  T
V  E  I  N  T  S  R  S  A  V  E  X  S  E  E
I  C  J  J  W  A  G  B  E  M  T  C  É  R  H
Z  N  C  P  O  T  H  B  B  C  É  R  V  Í  E
Á  E  R  I  T  M  U  S  C  O  T  U  Ű  H  T
C  V  X  T  R  R  C  R  R  R  E  R  M  M  S
I  D  I  H  E  D  I  L  G  D  Z  É  K  B  É
Ó  E  T  E  C  H  N  I  K  A  S  G  J  E  G
S  K  B  D  N  Y  U  W  Y  D  S  I  M  Y  F
B  U  M  T  O  E  D  J  A  U  Ö  F  M  C  T
K  W  C  G  K  Ő  Z  R  E  Z  S  E  N  E  Z
```

| | |
|---|---|
| ALBUM | ZENE |
| MŰVÉSZ | ÚJ |
| HÍRES | ZENEKAR |
| DAL | RITMUS |
| ZENESZERZŐ | SZÓLÓ |
| ÖSSZETÉTEL | STÍLUS |
| KONCERT | TEHETSÉG |
| KEDVENCEK | DOBOK |
| MŰFAJ | TECHNIKA |
| IMPROVIZÁCIÓ | RÉGI |

# 93 - Paysages

```
J  I  T  F  T  M  W  K  V  C  V  B  F  O  I
S  É  S  E  Z  Í  V  S  A  N  N  A  É  Y  G
A  L  G  R  Y  A  R  D  N  U  T  R  L  P  Z
U  K  Y  H  S  I  Z  Á  O  D  P  L  S  A  F
J  D  O  T  E  G  I  Z  S  M  N  A  Z  V  O
V  Ö  L  G  Y  G  M  G  P  B  B  N  I  H  L
S  T  R  A  N  D  Y  A  L  V  E  G  G  I  Y
H  E  G  Y  K  A  U  T  R  E  F  D  E  R  Ó
M  O  C  S  Á  R  D  A  F  O  C  V  T  X  R
Y  H  N  Á  K  L  U  V  M  K  Y  C  O  P  O
E  P  W  L  V  P  T  I  B  B  P  L  S  I  H
T  E  N  G  E  R  Ó  S  T  R  Í  Z  J  E  G
E  U  L  R  G  R  T  O  R  K  O  L  A  T  R
M  H  L  X  L  B  J  U  O  E  J  I  M  L  J
V  V  U  B  O  I  H  W  R  V  L  G  R  K  O
```

| | |
|---|---|
| VÍZESÉS | TÓ |
| DOMB | MOCSÁR |
| SIVATAG | TENGER |
| TORKOLAT | HEGY |
| FOLYÓ | OÁZIS |
| GEJZÍR | FÉLSZIGET |
| GLECCSER | STRAND |
| BARLANG | TUNDRA |
| JÉGHEGY | VÖLGY |
| SZIGET | VULKÁN |

# 94 - Pays #1

```
K O A C Z P P N E X I Y G F N
A G R M T Y A I T O N L Á I O
N Á T B L O R N G T D V Z N R
A Z D A U G A R A C I N S N V
D S E C U A D O R M A G R O É
A R G Á Z S R O Z S A L O R G
Z O I S V O R X F G I G L S I
R L D U G I M N D Z B M E Z A
K O M A R O K K Ó P Í A Y Á I
J Y M S A I I A S Y L C G G Z
R N G Á Z S R O T E M É N H R
U A Z A N Í T N E G R A E A A
X P P H Z I L A M S C J L R E
F S K Z Y P A I L Í Z A R B L
A F G A N I S Z T Á N G A R O
```

| | |
|---|---|
| AFGANISZTÁN | OLASZORSZÁG |
| NÉMETORSZÁG | LÍBIA |
| ARGENTÍNA | MALI |
| BRAZÍLIA | MAROKKÓ |
| KANADA | NICARAGUA |
| SPANYOLORSZÁG | NORVÉGIA |
| ECUADOR | PANAMA |
| FINNORSZÁG | LENGYELORSZÁG |
| INDIA | ROMÁNIA |
| IZRAEL | |

# 95 - Nombres

```
T  T  K  E  B  N  B  N  Z  K  O  D  A  T  T
A  I  L  E  O  U  R  U  S  A  T  J  V  I  I
Y  Z  X  X  T  X  N  L  U  I  I  N  L  Z  Z
A  E  Í  H  L  T  H  L  H  N  T  L  T  E  E
K  N  W  T  A  D  Ő  A  H  F  I  Ö  T  N  N
T  K  N  X  Y  T  F  E  N  P  Z  S  Z  N  H
I  I  H  É  T  N  Y  O  L  C  E  N  C  É  A
Z  L  T  I  Z  E  N  H  É  T  N  K  T  G  T
E  E  T  I  Z  E  D  E  S  V  Ö  K  F  Y  T
N  N  N  É  G  Y  U  K  O  Z  T  H  Ú  S  Z
K  C  N  E  L  I  K  K  W  B  T  K  O  D  H
E  Y  P  E  T  I  Z  E  N  H  Á  R  O  M  Á
T  T  I  Z  E  N  N  Y  O  L  C  U  R  P  R
T  D  W  O  G  B  S  T  X  K  G  E  A  C  O
Ő  V  Z  N  V  E  H  U  G  E  X  P  B  X  M
```

| | |
|---|---|
| ÖT | TIZENNÉGY |
| KETTŐ | NÉGY |
| TIZEDES | TIZENÖT |
| TÍZ | TIZENHAT |
| TIZENNYOLC | HÉT |
| TIZENKILENC | HAT |
| TIZENHÉT | TIZENHÁROM |
| TIZENKETTŐ | HÁROM |
| NYOLC | HÚSZ |
| KILENC | NULLA |

# 96 - Psychologie

```
E  S  Z  M  É  L  E  T  L  E  N  K  N  K  Y
Á  Y  I  K  E  M  L  E  Z  R  É  D  W  M  S
W  L  K  O  T  A  L  A  T  Z  S  A  P  A  T
I  C  M  F  O  J  S  K  T  W  Z  L  M  Z  Y
D  T  V  O  H  S  É  D  E  K  L  E  S  I  V
R  N  T  H  K  M  L  D  C  L  E  S  K  B  F
O  A  R  A  I  Z  E  J  N  Z  L  Z  L  E  V
K  O  N  F  L  I  K  T  U  S  É  E  I  F  P
K  T  É  O  V  A  É  O  G  B  S  N  N  O  R
E  E  E  U  A  L  T  O  F  C  V  Z  I  L  O
M  R  U  H  L  A  R  A  A  X  P  Á  K  Y  B
R  Á  E  H  Ó  E  É  B  D  I  N  C  A  Á  L
E  P  O  C  S  V  V  P  M  U  K  I  I  S  É
Y  I  I  F  Á  R  Z  H  B  X  T  Ó  W  O  M
G  A  E  J  G  Ö  T  L  E  T  E  K  A  K  A
```

| | |
|---|---|
| KLINIKAI | ESZMÉLETLEN |
| VISELKEDÉS | BEFOLYÁSOK |
| KONFLIKTUS | ÉSZLELÉS |
| ÉN | PROBLÉMA |
| GYERMEKKOR | VALÓSÁG |
| TAPASZTALATOK | ÁLMOK |
| ÉRZELMEK | SZENZÁCIÓ |
| ÉRTÉKELÉS | TUDATALATTI |
| ÖTLETEK | TERÁPIA |

# 97 - Nature

```
D  S  G  S  Z  E  N  T  É  L  Y  S  L  H  K
S  I  F  K  É  D  E  N  E  M  A  Z  N  X  L
É  I  I  Ö  U  T  I  I  K  E  H  É  M  M  H
K  K  V  D  K  X  E  N  J  A  J  P  W  Y  R
É  É  G  A  O  C  R  X  A  N  I  S  O  E  N
B  D  L  S  T  L  D  I  L  M  T  É  B  Z  H
M  I  P  E  A  A  Ő  H  E  K  I  G  E  E  I
F  V  I  R  L  S  G  H  V  T  V  K  G  R  V
N  K  G  Ó  L  C  R  L  E  A  R  Ő  U  E  F
R  R  O  Z  Á  L  M  T  L  H  D  H  V  S  N
F  A  P  I  S  U  P  Ó  R  T  C  L  C  C  I
N  S  A  Ó  D  E  R  Ű  S  U  D  E  C  C  G
L  O  M  B  O  Z  A  T  D  Z  L  F  K  E  P
F  O  L  Y  Ó  M  R  J  S  E  W  S  X  L  D
L  É  T  F  O  N  T  O  S  S  Á  G  Ú  G  C
```

| | |
|---|---|
| MÉHEK | FOLYÓ |
| MENEDÉK | ERDŐ |
| ÁLLATOK | GLECCSER |
| SARKVIDÉKI | FELHŐK |
| SZÉPSÉG | BÉKÉS |
| KÖD | SZENTÉLY |
| SIVATAG | VAD |
| DINAMIKUS | DERŰS |
| ERÓZIÓ | TRÓPUSI |
| LOMBOZAT | LÉTFONTOSSÁGÚ |

# 98 - Chimie

```
G  L  S  C  N  V  N  O  R  T  K  E  L  E  G
H  Á  F  I  H  F  U  É  Z  S  O  K  G  I  C
P  Ő  Z  Z  V  H  K  F  Z  S  Ú  L  Y  F  P
F  D  J  I  A  V  L  T  G  S  F  U  M  É  H
Y  K  M  A  Y  T  E  N  É  G  I  X  O  M  Ő
G  F  P  U  R  O  Á  I  R  A  N  D  L  E  M
F  D  C  V  J  D  R  U  O  I  P  U  E  K  É
S  A  V  P  M  M  I  Z  N  E  H  C  K  L  R
M  Z  T  W  X  P  S  O  G  Ú  L  P  U  S  S
K  A  T  A  L  I  Z  Á  T  O  R  Ó  L  K  É
F  O  L  Y  A  D  É  K  I  Y  S  S  A  W  K
X  V  M  S  U  G  G  K  M  A  S  B  A  M  L
R  O  B  H  H  I  D  R  O  G  É  N  P  A  E
T  G  F  E  V  U  R  Y  T  F  R  I  M  F  T
I  B  I  O  N  X  H  V  A  K  W  E  T  R  E
```

| | |
|---|---|
| SAV | HIDROGÉN |
| LÚGOS | ION |
| ATOMI | FOLYADÉK |
| SZÉN | FÉMEK |
| KATALIZÁTOR | MOLEKULA |
| HŐ | NUKLEÁRIS |
| KLÓR | OXIGÉN |
| ENZIM | SÚLY |
| ELEKTRON | SÓ |
| GÁZ | HŐMÉRSÉKLET |

# 99 - Bateaux

```
K  A  J  A  K  Z  J  Z  D  M  B  K  E  K  B
O  J  Y  I  O  G  K  L  G  I  N  M  E  A  M
M  Ó  T  I  J  I  J  Y  L  Á  G  A  D  N  S
P  B  T  E  N  G  E  R  É  S  Z  W  E  Á  U
K  X  D  M  F  T  J  C  T  O  J  E  M  E  H
Y  Y  Z  O  U  C  U  Z  Ö  S  W  R  U  C  O
F  U  J  D  M  K  T  T  K  V  V  E  F  Ó  R
V  I  T  O  R  L  Á  S  A  F  O  L  Y  Ó  G
T  Á  T  F  R  E  F  C  C  J  X  H  P  F  O
I  R  E  G  N  E  T  K  G  B  J  D  F  K  N
J  B  E  L  E  G  É  N  Y  S  É  G  T  R  Y
A  O  T  G  H  Y  V  H  U  L  L  Á  M  O  K
C  C  U  L  N  V  P  R  J  H  W  S  P  T  Y
H  Z  F  I  A  E  L  L  P  A  G  A  T  O  C
T  A  A  R  Y  S  T  X  T  B  P  D  D  M  C
```

| | |
|---|---|
| HORGONY | TENGERÉSZ |
| BÓJA | ÁRBOC |
| KENU | TENGER |
| KÖTÉL | MOTOR |
| LEGÉNYSÉG | TENGERI |
| KOMP | ÓCEÁN |
| FOLYÓ | TUTAJ |
| KAJAK | HULLÁMOK |
| TÓ | VITORLÁS |
| DAGÁLY | JACHT |

# 100 - Mesures

```
M  L  T  D  C  U  R  S  B  B  L  R  Y  K  S
G  R  A  M  M  C  N  E  I  Á  D  F  L  I  X
Á  A  Z  X  B  P  R  C  J  J  D  M  D  L  P
S  W  O  T  E  H  E  T  I  T  L  M  T  O  C
S  R  K  P  I  N  T  I  F  A  U  A  Ö  M  F
A  E  O  G  P  X  I  Z  N  B  T  R  M  É  E
G  T  F  K  K  Y  L  E  V  Ü  H  G  E  T  M
A  É  Y  D  K  L  O  D  C  T  X  O  G  E  É
M  M  S  O  S  Ú  H  E  K  U  X  L  S  R  R
W  I  T  S  B  S  E  S  G  B  C  I  B  S  Ő
Z  T  J  O  E  K  Z  R  A  J  D  K  J  X  Z
A  N  N  O  T  L  O  S  A  T  P  E  R  C  H
L  E  P  T  V  F  É  M  É  L  Y  S  É  G  I
X  C  J  T  X  M  M  Z  K  V  A  Y  R  M  L
E  I  H  E  C  R  E  A  S  X  Y  N  L  R  T
```

| | |
|---|---|
| CENTIMÉTER | TÖMEG |
| FOKOZAT | MÉRŐ |
| TIZEDES | PERC |
| GRAMM | BÁJT |
| MAGASSÁG | UNCIA |
| KILOGRAMM | PINT |
| KILOMÉTER | SÚLY |
| SZÉLESSÉG | HÜVELYK |
| LITER | MÉLYSÉG |
| HOSSZ | TONNA |

## 1 - Adjectifs #2

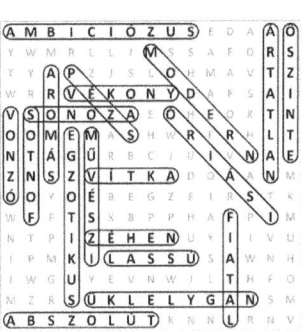

## 2 - Formes

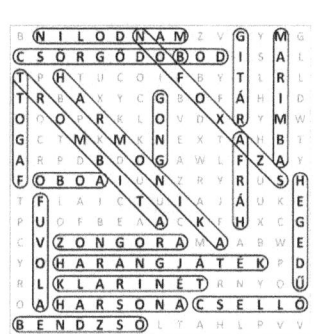

## 3 - Force et Gravité

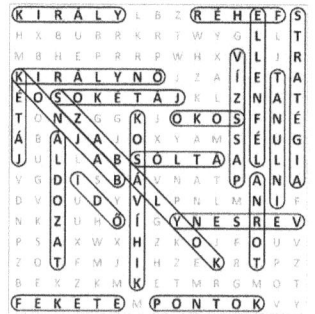

## 4 - Adjectifs #1

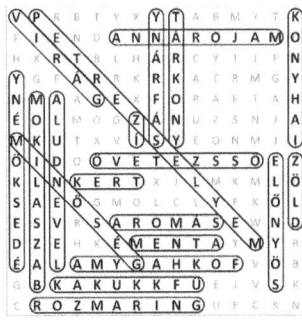

## 5 - Instruments de Musique

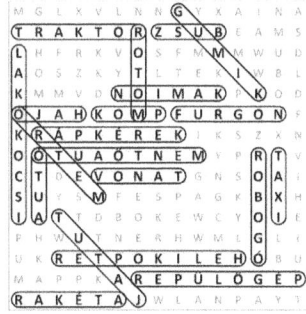

## 6 - Échecs

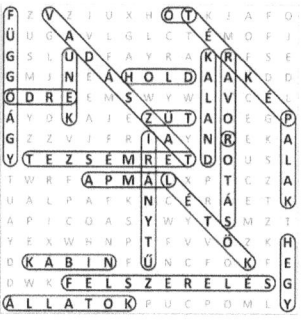

## 7 - Herboristerie

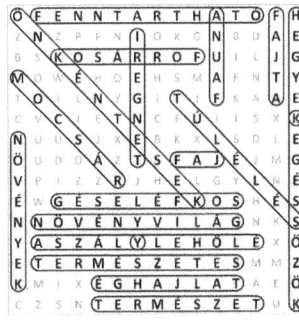

## 8 - Véhicules

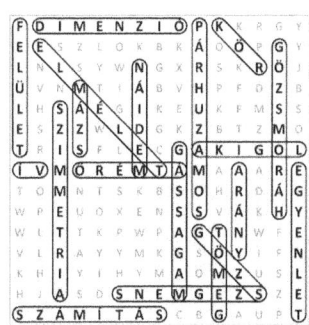

## 9 - Camping

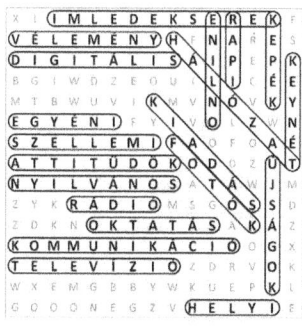

## 10 - Écologie

## 11 - Géométrie

## 12 - Les Médias

## 13 - Philanthropie

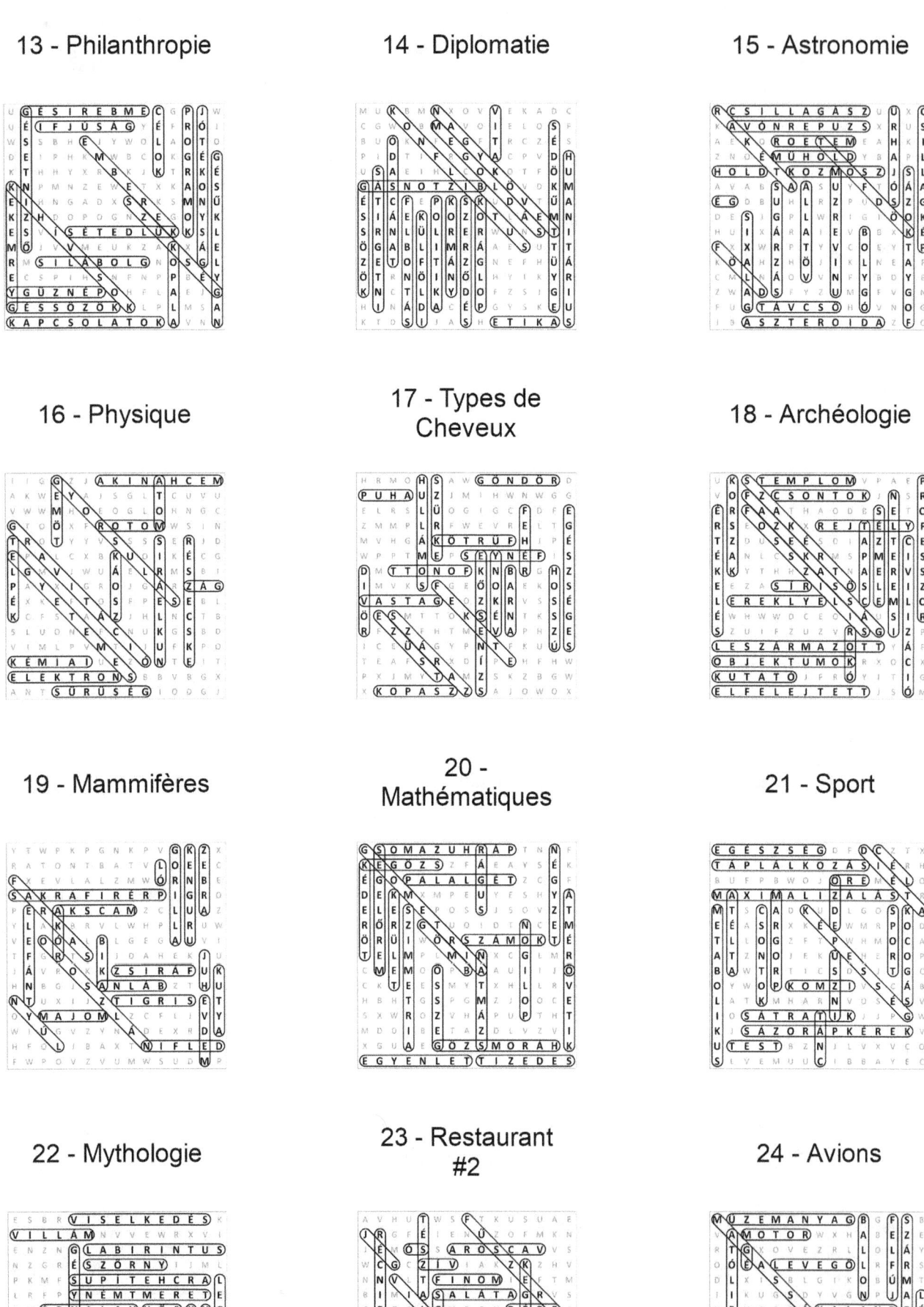

## 14 - Diplomatie

## 15 - Astronomie

## 16 - Physique

## 17 - Types de Cheveux

## 18 - Archéologie

## 19 - Mammifères

## 20 - Mathématiques

## 21 - Sport

## 22 - Mythologie

## 23 - Restaurant #2

## 24 - Avions

## 25 - Aventure

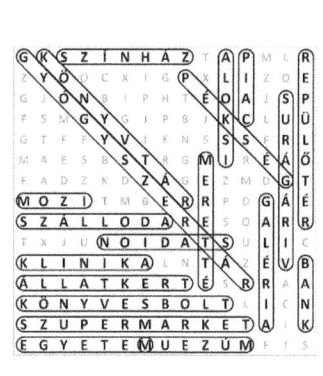

## 26 - Ville

## 27 - Ingénierie

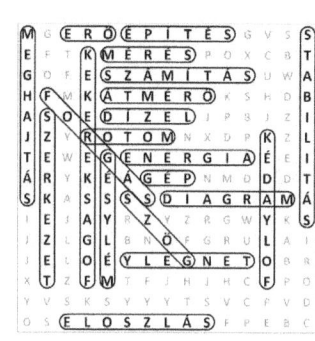

## 28 - Énergie

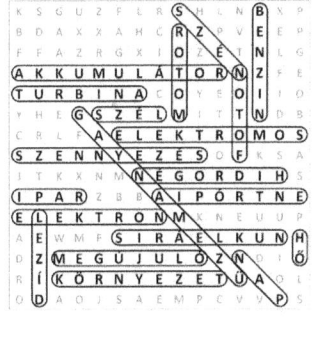

## 29 - Corps Humain

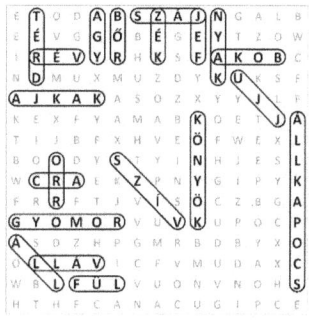

## 30 - Biologie

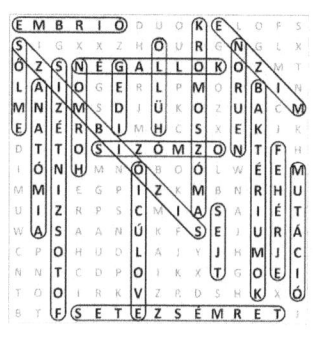

## 31 - Épices

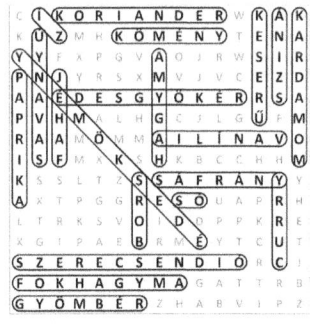

## 32 - Agronomie

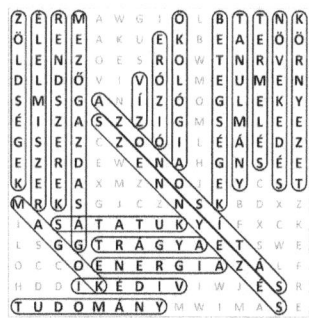

## 33 - Science

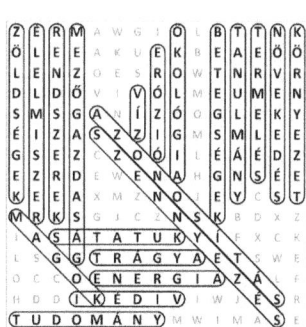

## 34 - Vêtements

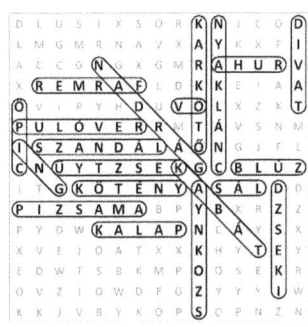

## 35 - Arts Visuels

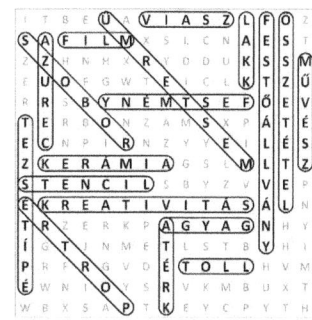

## 36 - Méditation

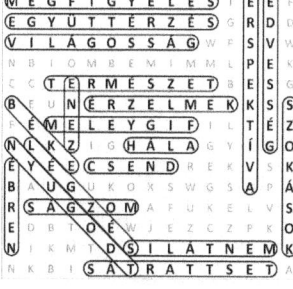

## 37 - Littérature

## 38 - Nourriture #1

## 39 - Jours et Mois

## 40 - Jardinage

## 41 - Entreprise

## 42 - Activités

## 43 - Mode

## 44 - Fleurs

## 45 - Nourriture #2

## 46 - Algèbre

## 47 - Océan

## 48 - Remplir

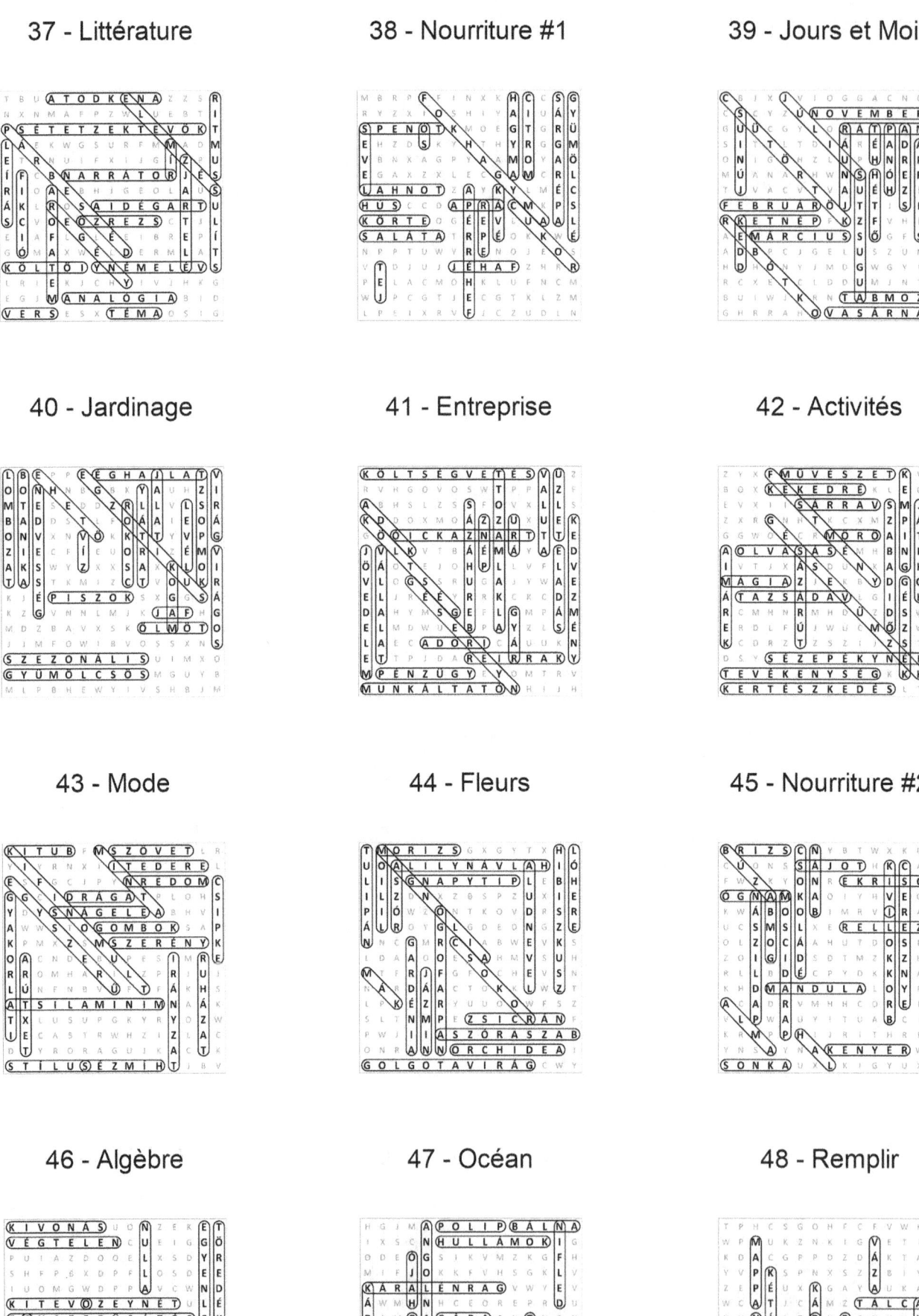

## 49 - Antiquités

## 50 - Boxe

## 51 - Réchauffement Cli

## 52 - Ballet

## 53 - Fruit

## 54 - Technologie

## 55 - Musique

## 56 - L'Entreprise

## 57 - Gouvernement

## 58 - Randonnée

## 59 - Nutrition

## 60 - Créativité

## 61 - Science Fiction

## 62 - Professions #1

## 63 - Géologie

## 64 - Jardin

## 65 - Santé et Bien Être #1

## 66 - Barbecues

## 67 - Ferme #1

## 68 - Café

## 69 - Antarctique

## 70 - Professions #2

## 71 - Les Abeilles

## 72 - Santé et Bien Être #2

## 73 - Conduite

## 74 - Plantes

## 75 - Ferme #2

## 76 - Vacances #2

## 77 - Temps

## 78 - Maison

## 79 - Légumes

## 80 - Famille

## 81 - Oiseaux

## 82 - Disciplines Scientifiques

## 83 - Maladie

## 84 - Univers

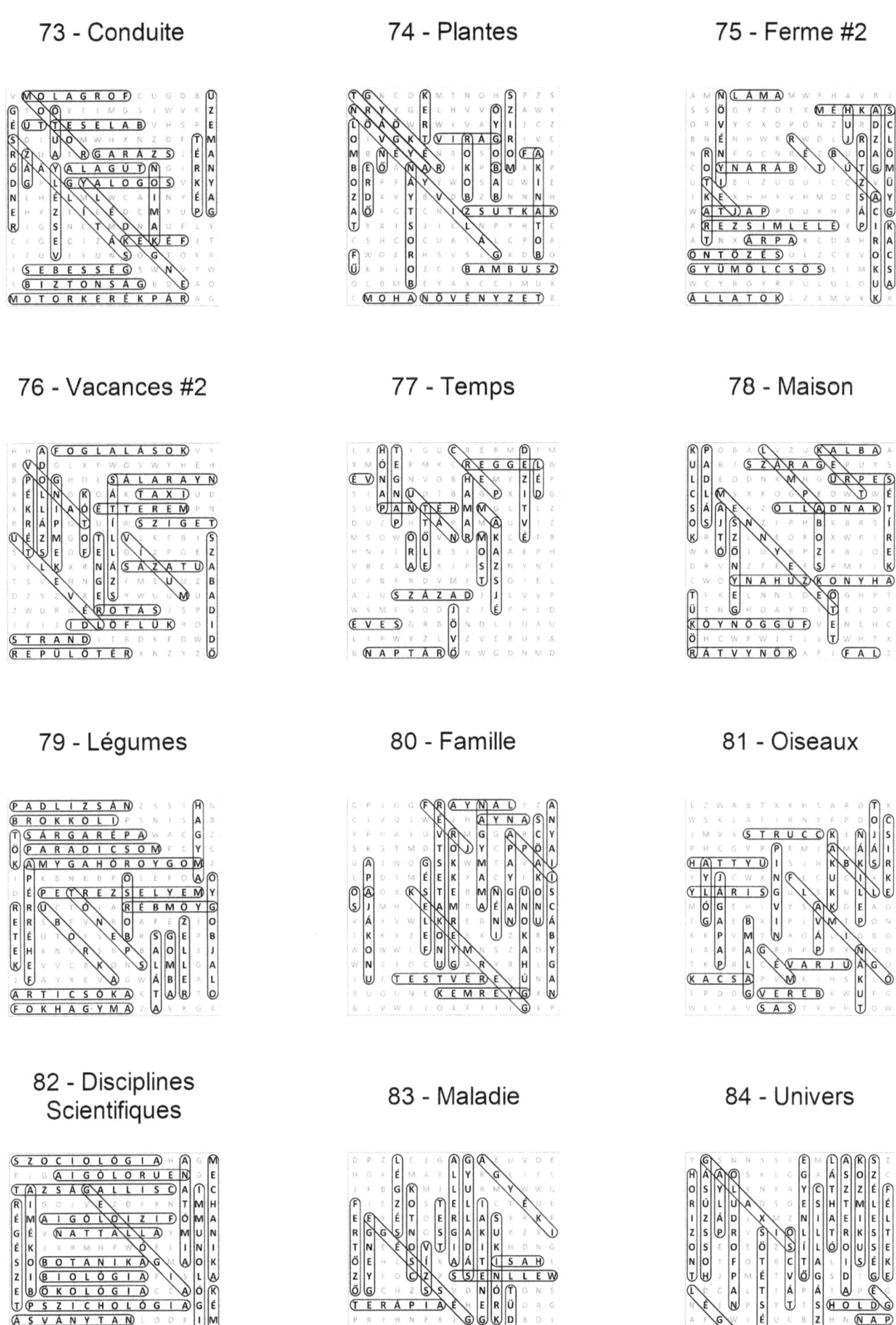

## 85 - Géographie

## 86 - Bâtiments

## 87 - Activités et Loisirs

## 88 - Livres

## 89 - Pays #2

## 90 - Fournitures d'Art

## 91 - Eau

## 92 - Jazz

## 93 - Paysages

## 94 - Pays #1

## 95 - Nombres

## 96 - Psychologie

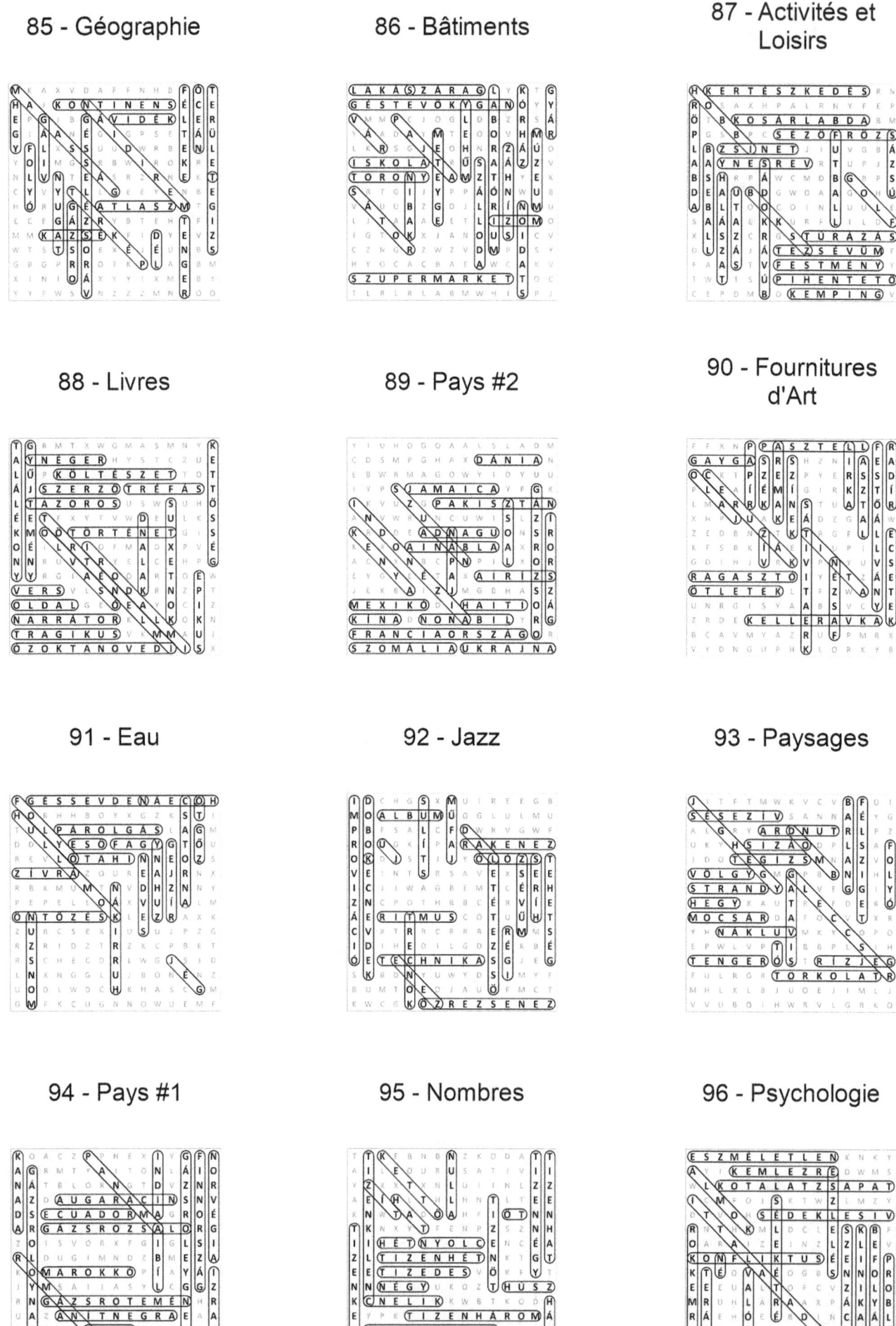

## 97 - Nature

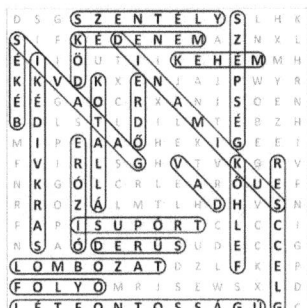

## 98 - Chimie

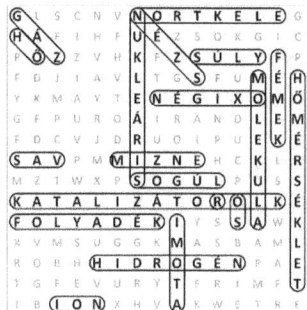

## 99 - Bateaux

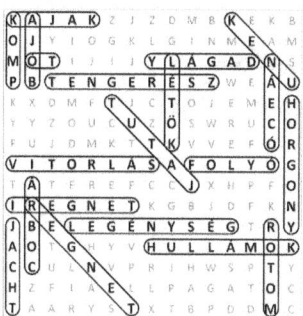

## 100 - Mesures

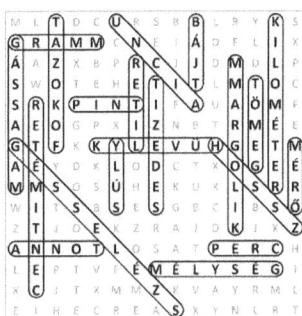

# Dictionnaire

### Activités
#### Tevékenységek

| | |
|---|---|
| Activité | Tevékenység |
| Art | Művészet |
| Artisanat | Kézművesség |
| Camping | Kemping |
| Céramique | Kerámia |
| Chasse | Vadászat |
| Compétence | Készség |
| Couture | Varrás |
| Intérêts | Érdekek |
| Jardinage | Kertészkedés |
| Jeux | Játékok |
| Lecture | Olvasás |
| Loisir | Szabadidő |
| Magie | Mágia |
| Peinture | Festmény |
| Pêche | Halászat |
| Photographie | Fényképezés |
| Plaisir | Öröm |
| Randonnée | Túrázás |
| Relaxation | Kikapcsolódás |

### Activités et Loisirs
#### Tevékenységek és Szabadi

| | |
|---|---|
| Art | Művészet |
| Base-Ball | Baseball |
| Basket-Ball | Kosárlabda |
| Boxe | Boksz |
| Camping | Kemping |
| Course | Verseny |
| Football | Futball |
| Golf | Golf |
| Jardinage | Kertészkedés |
| Nager | Úszás |
| Passe-Temps | Hobbi |
| Peinture | Festmény |
| Pêche | Halászat |
| Plongée | Búvárkodás |
| Randonnée | Túrázás |
| Relaxant | Pihentető |
| Surf | Szörfözés |
| Tennis | Tenisz |
| Volley-Ball | Röplabda |
| Voyage | Utazás |

### Adjectifs #1
#### Melléknevek #1

| | |
|---|---|
| Absolu | Abszolút |
| Actif | Aktív |
| Ambitieux | Ambiciózus |
| Aromatique | Aromás |
| Artistique | Művészi |
| Attractif | Vonzó |
| Beau | Szép |
| Exotique | Egzotikus |
| Énorme | Óriási |
| Généreux | Nagylelkű |
| Honnête | Őszinte |
| Identique | Azonos |
| Important | Fontos |
| Innocent | Ártatlan |
| Jeune | Fiatal |
| Lent | Lassú |
| Lourd | Nehéz |
| Mince | Vékony |
| Moderne | Modern |
| Parfait | Tökéletes |

### Adjectifs #2
#### Melléknevek #2

| | |
|---|---|
| Authentique | Hiteles |
| Célèbre | Híres |
| Créatif | Kreatív |
| Descriptif | Leíró |
| Doué | Tehetséges |
| Dramatique | Drámai |
| Élégant | Elegáns |
| Fier | Büszke |
| Fort | Erős |
| Intéressant | Érdekes |
| Naturel | Természetes |
| Nouveau | Új |
| Productif | Termelő |
| Pur | Tiszta |
| Responsable | Felelős |
| Sain | Egészséges |
| Salé | Sós |
| Sauvage | Vad |
| Sec | Száraz |
| Somnolent | Álmos |

### Agronomie
#### Agronómia

| | |
|---|---|
| Agriculture | Mezőgazdaság |
| Croissance | Növekedés |
| Eau | Víz |
| Engrais | Trágya |
| Environnement | Környezet |
| Écologie | Ökológia |
| Énergie | Energia |
| Érosion | Erózió |
| Étude | Tanulmány |
| Graines | Magok |
| Identification | Azonosítás |
| Légumes | Zöldségek |
| Maladies | Betegségek |
| Nourriture | Élelmiszer |
| Pollution | Szennyezés |
| Production | Termelés |
| Recherche | Kutatás |
| Rural | Vidéki |
| Science | Tudomány |
| Systèmes | Rendszerek |

### Algèbre
#### Algebra

| | |
|---|---|
| Diagramme | Diagram |
| Exposant | Kitevő |
| Équation | Egyenlet |
| Facteur | Tényező |
| Faux | Hamis |
| Formule | Képlet |
| Fraction | Töredék |
| Graphique | Grafikon |
| Infini | Végtelen |
| Linéaire | Lineáris |
| Matrice | Mátrix |
| Nombre | Szám |
| Parenthèse | Zárójel |
| Problème | Probléma |
| Quantité | Mennyiség |
| Simplifier | Egyszerűsítés |
| Solution | Megoldás |
| Soustraction | Kivonás |
| Variable | Változó |
| Zéro | Nulla |

## Antarctique
### Antarktisz

| | |
|---|---|
| Baie | Öböl |
| Baleines | Bálnák |
| Chercheur | Kutató |
| Conservation | Megőrzés |
| Continent | Kontinens |
| Eau | Víz |
| Environnement | Környezet |
| Expédition | Expedíció |
| Géographie | Földrajz |
| Glace | Jég |
| Glaciers | Gleccserek |
| Îles | Szigetek |
| Migration | Migráció |
| Nuage | Felhők |
| Oiseaux | Madarak |
| Péninsule | Félsziget |
| Rocheux | Sziklás |
| Scientifique | Tudományos |
| Température | Hőmérséklet |
| Topographie | Topográfia |

## Antiquités
### Régiségek

| | |
|---|---|
| Art | Művészet |
| Authentique | Hiteles |
| Bijoux | Ékszerek |
| Décoratif | Dekoratív |
| Enchères | Árverés |
| Élégant | Elegáns |
| Galerie | Galéria |
| Inhabituel | Szokatlan |
| Investissement | Beruházás |
| Meubles | Bútor |
| Peintures | Festmények |
| Pièces | Érmék |
| Prix | Ár |
| Qualité | Minőség |
| Restauration | Helyreállítás |
| Sculpture | Szobor |
| Siècle | Század |
| Style | Stílus |
| Valeur | Érték |
| Vieux | Régi |

## Archéologie
### Régészet

| | |
|---|---|
| Analyse | Elemzés |
| Antiquité | Ókor |
| Chercheur | Kutató |
| Civilisation | Civilizáció |
| Descendant | Leszármazott |
| Expert | Szakértő |
| Ère | Korszak |
| Équipe | Csapat |
| Évaluation | Értékelés |
| Fossile | Fosszilis |
| Inconnu | Ismeretlen |
| Mystère | Rejtély |
| Objets | Objektumok |
| Os | Csontok |
| Oublié | Elfelejtett |
| Poterie | Fazekasság |
| Professeur | Professzor |
| Relique | Ereklye |
| Temple | Templom |
| Tombe | Sír |

## Arts Visuels
### Vizuális Művészetek

| | |
|---|---|
| Architecture | Építészet |
| Argile | Agyag |
| Artiste | Művész |
| Céramique | Kerámia |
| Chef-D'Œuvre | Mestermű |
| Chevalet | Festőállvány |
| Cire | Viasz |
| Composition | Összetétel |
| Craie | Kréta |
| Crayon | Ceruza |
| Créativité | Kreativitás |
| Film | Film |
| Peinture | Festmény |
| Perspective | Perspektíva |
| Pochoir | Stencil |
| Portrait | Portré |
| Poterie | Fazekasság |
| Sculpture | Szobor |
| Stylo | Toll |
| Vernis | Lakk |

## Astronomie
### Csillagászat

| | |
|---|---|
| Astéroïde | Aszteroida |
| Astronaute | Űrhajós |
| Astronome | Csillagász |
| Ciel | Ég |
| Constellation | Csillagkép |
| Cosmos | Kozmosz |
| Éclipse | Fogyatkozás |
| Fusée | Rakéta |
| Galaxie | Galaxis |
| Lune | Hold |
| Météore | Meteor |
| Nébuleuse | Ködfolt |
| Planète | Bolygó |
| Radiation | Sugárzás |
| Satellite | Műhold |
| Supernova | Szupernóva |
| Terre | Föld |
| Télescope | Távcső |
| Univers | Univerzum |
| Zodiaque | Állatöv |

## Aventure
### Kaland

| | |
|---|---|
| Activité | Tevékenység |
| Beauté | Szépség |
| Bravoure | Bátorság |
| Chance | Esély |
| Dangereux | Veszélyes |
| Défis | Kihívások |
| Difficulté | Nehézség |
| Enthousiasme | Lelkesedés |
| Excursion | Kirándulás |
| Inhabituel | Szokatlan |
| Itinéraire | Útvonal |
| Joie | Öröm |
| Nature | Természet |
| Navigation | Navigáció |
| Nouveau | Új |
| Opportunité | Lehetőség |
| Préparation | Előkészítés |
| Sécurité | Biztonság |
| Surprenant | Meglepő |
| Voyages | Utazások |

## Avions
### Repülőgépek

| | |
|---|---|
| **Air** | Levegő |
| **Atmosphère** | Légkör |
| **Atterrissage** | Leszállás |
| **Aventure** | Kaland |
| **Ballon** | Ballon |
| **Carburant** | Üzemanyag |
| **Ciel** | Ég |
| **Construction** | Építés |
| **Descente** | Származás |
| **Direction** | Irány |
| **Équipage** | Legénység |
| **Gonfler** | Felfúj |
| **Hauteur** | Magasság |
| **Hélices** | Propellerek |
| **Histoire** | Történelem |
| **Hydrogène** | Hidrogén |
| **Moteur** | Motor |
| **Passager** | Utas |
| **Pilote** | Pilóta |
| **Turbulence** | Turbulencia |

## Ballet
### Balett

| | |
|---|---|
| **Applaudissement** | Taps |
| **Artistique** | Művészi |
| **Ballerine** | Balerina |
| **Chorégraphie** | Koreográfia |
| **Compétence** | Készség |
| **Compositeur** | Zeneszerző |
| **Danseurs** | Táncosok |
| **Expressif** | Kifejező |
| **Geste** | Gesztus |
| **Gracieux** | Kecses |
| **Intensité** | Intenzitás |
| **Muscles** | Izmok |
| **Musique** | Zene |
| **Orchestre** | Zenekar |
| **Public** | Közönség |
| **Répétition** | Próba |
| **Rythme** | Ritmus |
| **Solo** | Szóló |
| **Style** | Stílus |
| **Technique** | Technika |

## Barbecues
### Grillezés

| | |
|---|---|
| **Chaud** | Forró |
| **Couteaux** | Kések |
| **Déjeuner** | Ebéd |
| **Dîner** | Vacsora |
| **Enfants** | Gyermekek |
| **Été** | Nyár |
| **Faim** | Éhség |
| **Famille** | Család |
| **Fruit** | Gyümölcs |
| **Gril** | Grill |
| **Jeux** | Játékok |
| **Légumes** | Zöldségek |
| **Musique** | Zene |
| **Oignons** | Hagyma |
| **Poivre** | Bors |
| **Poulet** | Csirke |
| **Salades** | Saláták |
| **Sauce** | Szósz |
| **Sel** | Só |
| **Tomates** | Paradicsom |

## Bateaux
### Csónakok

| | |
|---|---|
| **Ancre** | Horgony |
| **Bouée** | Bója |
| **Canoë** | Kenu |
| **Corde** | Kötél |
| **Équipage** | Legénység |
| **Ferry** | Komp |
| **Fleuve** | Folyó |
| **Kayak** | Kajak |
| **Lac** | Tó |
| **Marée** | Dagály |
| **Marin** | Tengerész |
| **Mât** | Árboc |
| **Mer** | Tenger |
| **Moteur** | Motor |
| **Nautique** | Tengeri |
| **Océan** | Óceán |
| **Radeau** | Tutaj |
| **Vagues** | Hullámok |
| **Voilier** | Vitorlás |
| **Yacht** | Jacht |

## Bâtiments
### Épületek

| | |
|---|---|
| **Ambassade** | Nagykövetség |
| **Appartement** | Lakás |
| **Atelier** | Műhely |
| **Cabine** | Kabin |
| **Château** | Vár |
| **Cinéma** | Mozi |
| **École** | Iskola |
| **Garage** | Garázs |
| **Grange** | Pajta |
| **Hôpital** | Kórház |
| **Hôtel** | Szálloda |
| **Laboratoire** | Laboratórium |
| **Musée** | Múzeum |
| **Stade** | Stadion |
| **Supermarché** | Szupermarket |
| **Tente** | Sátor |
| **Théâtre** | Színház |
| **Tour** | Torony |
| **Université** | Egyetem |
| **Usine** | Gyár |

## Biologie
### Biológia

| | |
|---|---|
| **Anatomie** | Anatómia |
| **Bactéries** | Baktériumok |
| **Cellule** | Sejt |
| **Chromosome** | Kromoszóma |
| **Collagène** | Kollagén |
| **Embryon** | Embrió |
| **Enzyme** | Enzim |
| **Évolution** | Evolúció |
| **Hormone** | Hormon |
| **Mammifère** | Emlős |
| **Mutation** | Mutáció |
| **Naturel** | Természetes |
| **Nerf** | Ideg |
| **Neurone** | Neuron |
| **Osmose** | Ozmózis |
| **Photosynthèse** | Fotoszintézis |
| **Protéine** | Fehérje |
| **Reptile** | Hüllő |
| **Symbiose** | Szimbiózis |
| **Synapse** | Szinapszis |

## Boxe
### Boksz

| | |
|---|---|
| **Adversaire** | Ellenfél |
| **Arbitre** | Játékvezető |
| **Blessures** | Sérülések |
| **Cloche** | Harang |
| **Coin** | Sarok |
| **Combattant** | Harcos |
| **Compétence** | Készség |
| **Concentrer** | Fókusz |
| **Cordes** | Kötelek |
| **Corps** | Test |
| **Coude** | Könyök |
| **Coup** | Rúgás |
| **Épuisé** | Kimerült |
| **Force** | Erő |
| **Gants** | Kesztyű |
| **Menton** | Áll |
| **Poing** | Ököl |
| **Points** | Pontok |
| **Rapide** | Gyors |
| **Récupération** | Felépülés |

## Café
### Kávé

| | |
|---|---|
| **Acide** | Savas |
| **Amer** | Keserű |
| **Arôme** | Aroma |
| **Boisson** | Ital |
| **Caféine** | Koffein |
| **Crème** | Krém |
| **Eau** | Víz |
| **Filtre** | Szűrő |
| **Lait** | Tej |
| **Liquide** | Folyadék |
| **Matin** | Reggel |
| **Moudre** | Darál |
| **Noir** | Fekete |
| **Origine** | Eredet |
| **Prix** | Ár |
| **Rôti** | Pörkölt |
| **Saveur** | Íz |
| **Sucre** | Cukor |
| **Tasse** | Csésze |
| **Variété** | Fajta |

## Camping
### Kemping

| | |
|---|---|
| **Animaux** | Állatok |
| **Aventure** | Kaland |
| **Boussole** | Iránytű |
| **Cabine** | Kabin |
| **Canoë** | Kenu |
| **Carte** | Térkép |
| **Chapeau** | Kalap |
| **Chasse** | Vadászat |
| **Corde** | Kötél |
| **Équipement** | Felszerelés |
| **Feu** | Tűz |
| **Forêt** | Erdő |
| **Hamac** | Függőágy |
| **Insecte** | Rovar |
| **Lac** | Tó |
| **Lanterne** | Lámpa |
| **Lune** | Hold |
| **Montagne** | Hegy |
| **Nature** | Természet |
| **Tente** | Sátor |

## Chimie
### Kémia

| | |
|---|---|
| **Acide** | Sav |
| **Alcalin** | Lúgos |
| **Atomique** | Atomi |
| **Carbone** | Szén |
| **Catalyseur** | Katalizátor |
| **Chaleur** | Hő |
| **Chlore** | Klór |
| **Enzyme** | Enzim |
| **Électron** | Elektron |
| **Gaz** | Gáz |
| **Hydrogène** | Hidrogén |
| **Ion** | Ion |
| **Liquide** | Folyadék |
| **Métaux** | Fémek |
| **Molécule** | Molekula |
| **Nucléaire** | Nukleáris |
| **Oxygène** | Oxigén |
| **Poids** | Súly |
| **Sel** | Só |
| **Température** | Hőmérséklet |

## Conduite
### Vezetés

| | |
|---|---|
| **Accident** | Baleset |
| **Camion** | Kamion |
| **Carburant** | Üzemanyag |
| **Carte** | Térkép |
| **Danger** | Veszély |
| **Freins** | Fékek |
| **Garage** | Garázs |
| **Gaz** | Gáz |
| **Licence** | Engedély |
| **Moteur** | Motor |
| **Moto** | Motorkerékpár |
| **Piéton** | Gyalogos |
| **Police** | Rendőrség |
| **Route** | Út |
| **Sécurité** | Biztonság |
| **Trafic** | Forgalom |
| **Transport** | Szállítás |
| **Tunnel** | Alagút |
| **Vitesse** | Sebesség |
| **Voiture** | Autó |

## Corps Humain
### Emberi Test

| | |
|---|---|
| **Bouche** | Száj |
| **Cerveau** | Agy |
| **Cheville** | Boka |
| **Cou** | Nyak |
| **Coude** | Könyök |
| **Cœur** | Szív |
| **Doigt** | Ujj |
| **Estomac** | Gyomor |
| **Épaule** | Váll |
| **Genou** | Térd |
| **Lèvres** | Ajkak |
| **Main** | Kéz |
| **Mâchoire** | Állkapocs |
| **Menton** | Áll |
| **Nez** | Orr |
| **Oreille** | Fül |
| **Peau** | Bőr |
| **Sang** | Vér |
| **Tête** | Fej |
| **Visage** | Arc |

## Créativité
### Kreativitás

| | |
|---|---|
| **Artistique** | Művészi |
| **Authenticité** | Hitelesség |
| **Clarté** | Világosság |
| **Compétence** | Készség |
| **Dramatique** | Drámai |
| **Expression** | Kifejezés |
| **Émotions** | Érzelmek |
| **Fluidité** | Folyékonyság |
| **Idées** | Ötletek |
| **Image** | Kép |
| **Imagination** | Képzelet |
| **Impression** | Benyomás |
| **Inspiration** | Ihlet |
| **Intensité** | Intenzitás |
| **Intuition** | Intuíció |
| **Inventif** | Találékony |
| **Sensation** | Szenzáció |
| **Spontané** | Spontán |
| **Visions** | Víziók |
| **Vitalité** | Életerő |

## Diplomatie
### Diplomácia

| | |
|---|---|
| **Ambassade** | Nagykövetség |
| **Ambassadeur** | Nagykövet |
| **Citoyens** | Polgárok |
| **Communauté** | Közösség |
| **Conflit** | Konfliktus |
| **Conseiller** | Tanácsadó |
| **Coopération** | Együttműködés |
| **Diplomatique** | Diplomáciai |
| **Discussion** | Vita |
| **Éthique** | Etika |
| **Étranger** | Külföldi |
| **Gouvernement** | Kormány |
| **Humanitaire** | Humanitárius |
| **Intégrité** | Integritás |
| **Justice** | Igazságosság |
| **Politique** | Politika |
| **Résolution** | Felbontás |
| **Sécurité** | Biztonság |
| **Solution** | Megoldás |
| **Traité** | Szerződés |

## Disciplines Scientifiques
### Tudományos Tudományágak

| | |
|---|---|
| **Anatomie** | Anatómia |
| **Archéologie** | Régészet |
| **Astronomie** | Csillagászat |
| **Biochimie** | Biokémia |
| **Biologie** | Biológia |
| **Botanique** | Botanika |
| **Chimie** | Kémia |
| **Écologie** | Ökológia |
| **Géologie** | Geológia |
| **Immunologie** | Immunológia |
| **Linguistique** | Nyelvészet |
| **Mécanique** | Mechanika |
| **Météorologie** | Meteorológia |
| **Minéralogie** | Ásványtan |
| **Neurologie** | Neurológia |
| **Physiologie** | Fiziológia |
| **Psychologie** | Pszichológia |
| **Sociologie** | Szociológia |
| **Thermodynamique** | Termodinamika |
| **Zoologie** | Állattan |

## Eau
### Víz

| | |
|---|---|
| **Canal** | Csatorna |
| **Douche** | Zuhany |
| **Évaporation** | Párolgás |
| **Fleuve** | Folyó |
| **Gel** | Fagy |
| **Geyser** | Gejzír |
| **Glace** | Jég |
| **Humide** | Nedves |
| **Humidité** | Nedvesség |
| **Inondation** | Árvíz |
| **Irrigation** | Öntözés |
| **Lac** | Tó |
| **Mousson** | Monszun |
| **Neige** | Hó |
| **Océan** | Óceán |
| **Ouragan** | Hurrikán |
| **Pluie** | Eső |
| **Potable** | Iható |
| **Vagues** | Hullámok |
| **Vapeur** | Gőz |

## Entreprise
### Üzleti

| | |
|---|---|
| **Argent** | Pénz |
| **Boutique** | Üzlet |
| **Budget** | Költségvetés |
| **Bureau** | Iroda |
| **Carrière** | Karrier |
| **Coût** | Költség |
| **Devise** | Valuta |
| **Employeur** | Munkáltató |
| **Employé** | Alkalmazott |
| **Entreprise** | Vállalat |
| **Finance** | Pénzügy |
| **Impôts** | Adók |
| **Investissement** | Beruházás |
| **Marchandise** | Áru |
| **Profit** | Nyereség |
| **Revenu** | Jövedelem |
| **Réduction** | Kedvezmény |
| **Transaction** | Tranzakció |
| **Usine** | Gyár |
| **Vente** | Eladás |

## Échecs
### Sakk

| | |
|---|---|
| **Adversaire** | Ellenfél |
| **Apprendre** | Tanulni |
| **Blanc** | Fehér |
| **Champion** | Bajnok |
| **Concours** | Verseny |
| **Défis** | Kihívások |
| **Diagonal** | Átlós |
| **Intelligent** | Okos |
| **Jeu** | Játék |
| **Joueur** | Játékos |
| **Noir** | Fekete |
| **Passif** | Passzív |
| **Points** | Pontok |
| **Reine** | Királynő |
| **Règles** | Szabályok |
| **Roi** | Király |
| **Sacrifice** | Áldozat |
| **Stratégie** | Stratégia |
| **Temps** | Idő |
| **Tournoi** | Torna |

## Écologie
### Ökológia

| | |
|---|---|
| **Bénévoles** | Önkéntesek |
| **Climat** | Éghajlat |
| **Communautés** | Közösségek |
| **Diversité** | Sokféleség |
| **Durable** | Fenntartható |
| **Espèce** | Faj |
| **Faune** | Fauna |
| **Flore** | Növényvilág |
| **Habitat** | Élőhely |
| **Marais** | Mocsár |
| **Marin** | Tengeri |
| **Montagnes** | Hegyek |
| **Nature** | Természet |
| **Naturel** | Természetes |
| **Plantes** | Növények |
| **Ressources** | Források |
| **Sécheresse** | Aszály |
| **Survie** | Túlélés |
| **Variété** | Fajta |
| **Végétation** | Növényzet |

## Énergie
### Energia

| | |
|---|---|
| **Batterie** | Akkumulátor |
| **Carbone** | Szén |
| **Carburant** | Üzemanyag |
| **Chaleur** | Hő |
| **Diesel** | Dízel |
| **Entropie** | Entrópia |
| **Environnement** | Környezet |
| **Essence** | Benzin |
| **Électrique** | Elektromos |
| **Électron** | Elektron |
| **Hydrogène** | Hidrogén |
| **Industrie** | Ipar |
| **Moteur** | Motor |
| **Nucléaire** | Nukleáris |
| **Photon** | Foton |
| **Pollution** | Szennyezés |
| **Renouvelable** | Megújuló |
| **Soleil** | Nap |
| **Turbine** | Turbina |
| **Vent** | Szél |

## Épices
### Fűszerek

| | |
|---|---|
| **Aigre** | Savanyú |
| **Ail** | Fokhagyma |
| **Amer** | Keserű |
| **Anis** | Ánizs |
| **Cannelle** | Fahéj |
| **Cardamome** | Kardamom |
| **Coriandre** | Koriander |
| **Cumin** | Kömény |
| **Curry** | Curry |
| **Fenouil** | Édeskömény |
| **Gingembre** | Gyömbér |
| **Muscade** | Szerecsendió |
| **Oignon** | Hagyma |
| **Paprika** | Paprika |
| **Poivre** | Bors |
| **Réglisse** | Édesgyökér |
| **Safran** | Sáfrány |
| **Saveur** | Íz |
| **Sel** | Só |
| **Vanille** | Vanília |

## Famille
### Család

| | |
|---|---|
| **Ancêtre** | Ős |
| **Cousin** | Unokatestvér |
| **Enfance** | Gyermekkor |
| **Enfant** | Gyermek |
| **Enfants** | Gyermekek |
| **Femme** | Feleség |
| **Fille** | Lánya |
| **Frère** | Testvér |
| **Grand-Mère** | Nagymama |
| **Grand-Père** | Nagyapa |
| **Mari** | Férj |
| **Maternel** | Anyai |
| **Mère** | Anya |
| **Neveu** | Unokaöcs |
| **Nièce** | Unokahúg |
| **Oncle** | Nagybácsi |
| **Paternel** | Apai |
| **Petit-Fils** | Unokája |
| **Père** | Apa |
| **Tante** | Néni |

## Ferme #1
### Gazdaság #1

| | |
|---|---|
| **Abeille** | Méh |
| **Agriculture** | Mezőgazdaság |
| **Âne** | Szamár |
| **Bison** | Bölény |
| **Champ** | Mező |
| **Chat** | Macska |
| **Cheval** | Ló |
| **Chèvre** | Kecske |
| **Chien** | Kutya |
| **Clôture** | Kerítés |
| **Corbeau** | Varjú |
| **Eau** | Víz |
| **Engrais** | Trágya |
| **Foin** | Széna |
| **Miel** | Méz |
| **Poulet** | Csirke |
| **Riz** | Rizs |
| **Troupeau** | Nyáj |
| **Vache** | Tehén |
| **Veau** | Borjú |

## Ferme #2
### 2. Gazdaság

| | |
|---|---|
| **Agneau** | Bárány |
| **Agriculteur** | Gazda |
| **Animaux** | Állatok |
| **Berger** | Pásztor |
| **Blé** | Búza |
| **Canard** | Kacsa |
| **Fruit** | Gyümölcs |
| **Grange** | Pajta |
| **Irrigation** | Öntözés |
| **Lait** | Tej |
| **Lama** | Láma |
| **Légume** | Növényi |
| **Maïs** | Kukorica |
| **Mouton** | Juh |
| **Nourriture** | Élelmiszer |
| **Orge** | Árpa |
| **Pré** | Rét |
| **Ruche** | Méhkas |
| **Tracteur** | Traktor |
| **Verger** | Gyümölcsös |

## Fleurs
### Virágok

| | |
|---|---|
| **Bouquet** | Csokor |
| **Gardénia** | Gardénia |
| **Hibiscus** | Hibiszkusz |
| **Jasmin** | Jázmin |
| **Jonquille** | Nárcisz |
| **Lavande** | Levendula |
| **Lilas** | Halványlila |
| **Lys** | Liliom |
| **Magnolia** | Magnólia |
| **Marguerite** | Százszorszép |
| **Orchidée** | Orchidea |
| **Passiflore** | Golgotavirág |
| **Pavot** | Mák |
| **Pétale** | Szirom |
| **Pissenlit** | Pitypang |
| **Pivoine** | Bazsarózsa |
| **Rose** | Rózsa |
| **Tournesol** | Napraforgó |
| **Trèfle** | Lóhere |
| **Tulipe** | Tulipán |

## Force et Gravité
### Erő és Gravitáció

| | |
|---|---|
| **Axe** | Tengely |
| **Centre** | Központ |
| **Découverte** | Felfedezés |
| **Distance** | Távolság |
| **Dynamique** | Dinamikus |
| **Expansion** | Terjeszkedés |
| **Friction** | Súrlódás |
| **Impact** | Hatás |
| **Magnétisme** | Mágnesesség |
| **Mécanique** | Mechanika |
| **Mouvement** | Mozgás |
| **Orbite** | Pálya |
| **Physique** | Fizika |
| **Planètes** | Bolygók |
| **Poids** | Súly |
| **Pression** | Nyomás |
| **Propriétés** | Tulajdonságok |
| **Temps** | Idő |
| **Universel** | Egyetemes |
| **Vitesse** | Sebesség |

## Formes
### Alakzatok

| | |
|---|---|
| **Arc** | Ív |
| **Bords** | Élek |
| **Carré** | Négyzet |
| **Cercle** | Kör |
| **Coin** | Sarok |
| **Cône** | Kúp |
| **Côté** | Oldal |
| **Cube** | Kocka |
| **Cylindre** | Henger |
| **Ellipse** | Ellipszis |
| **Hyperbole** | Hiperbola |
| **Ligne** | Vonal |
| **Ovale** | Ovális |
| **Polygone** | Poligon |
| **Prisme** | Prizma |
| **Pyramide** | Piramis |
| **Rectangle** | Téglalap |
| **Rond** | Kerek |
| **Sphère** | Gömb |
| **Triangle** | Háromszög |

## Fournitures d'Art
### Művészeti Kellékek

| | |
|---|---|
| **Acrylique** | Akril |
| **Aquarelles** | Akvarellek |
| **Argile** | Agyag |
| **Brosses** | Ecsetek |
| **Caméra** | Kamera |
| **Chaise** | Szék |
| **Charbon** | Faszén |
| **Chevalet** | Festőállvány |
| **Colle** | Ragasztó |
| **Couleurs** | Színek |
| **Crayons** | Ceruzák |
| **Créativité** | Kreativitás |
| **Eau** | Víz |
| **Encre** | Tinta |
| **Gomme** | Radír |
| **Huile** | Olaj |
| **Idées** | Ötletek |
| **Papier** | Papír |
| **Pastels** | Pasztell |
| **Table** | Asztal |

## Fruit
### Gyümölcs

| | |
|---|---|
| **Abricot** | Sárgabarack |
| **Ananas** | Ananász |
| **Avocat** | Avokádó |
| **Baie** | Bogyó |
| **Banane** | Banán |
| **Cerise** | Cseresznye |
| **Citron** | Citrom |
| **Figue** | Ábra |
| **Framboise** | Málna |
| **Goyave** | Gujávafa |
| **Kiwi** | Kivi |
| **Mangue** | Mangó |
| **Melon** | Dinnye |
| **Nectarine** | Nektarin |
| **Orange** | Narancs |
| **Papaye** | Papaja |
| **Pêche** | Őszibarack |
| **Poire** | Körte |
| **Pomme** | Alma |
| **Raisin** | Szőlő |

## Géographie
### Földrajz

| | |
|---|---|
| **Altitude** | Magasság |
| **Atlas** | Atlasz |
| **Carte** | Térkép |
| **Continent** | Kontinens |
| **Fleuve** | Folyó |
| **Hémisphère** | Félteke |
| **Île** | Sziget |
| **Latitude** | Szélesség |
| **Mer** | Tenger |
| **Méridien** | Meridián |
| **Monde** | Világ |
| **Montagne** | Hegy |
| **Nord** | Észak |
| **Océan** | Óceán |
| **Ouest** | Nyugat |
| **Pays** | Ország |
| **Région** | Vidék |
| **Sud** | Dél |
| **Territoire** | Terület |
| **Ville** | Város |

## Géologie
### Geológia

| | |
|---|---|
| **Acide** | Sav |
| **Calcium** | Kalcium |
| **Caverne** | Barlang |
| **Continent** | Kontinens |
| **Corail** | Korall |
| **Couche** | Réteg |
| **Cristaux** | Kristályok |
| **Érosion** | Erózió |
| **Fondu** | Olvadt |
| **Fossile** | Fosszilis |
| **Geyser** | Gejzír |
| **Lave** | Láva |
| **Pierre** | Kő |
| **Plateau** | Fennsík |
| **Quartz** | Kvarc |
| **Sel** | Só |
| **Stalactite** | Cseppkő |
| **Stalagmites** | Sztalagmitok |
| **Volcan** | Vulkán |
| **Zone** | Zóna |

## Géométrie
### Geometria

| | |
|---|---|
| **Angle** | Szög |
| **Calcul** | Számítás |
| **Cercle** | Kör |
| **Courbe** | Ív |
| **Diamètre** | Átmérő |
| **Dimension** | Dimenzió |
| **Équation** | Egyenlet |
| **Hauteur** | Magasság |
| **Logique** | Logika |
| **Masse** | Tömeg |
| **Médian** | Medián |
| **Nombre** | Szám |
| **Parallèle** | Párhuzamos |
| **Proportion** | Arány |
| **Segment** | Szegmens |
| **Surface** | Felület |
| **Symétrie** | Szimmetria |
| **Théorie** | Elmélet |
| **Triangle** | Háromszög |
| **Vertical** | Függőleges |

## Gouvernement
### Kormányzat

| | |
|---|---|
| **Civil** | Polgári |
| **Constitution** | Alkotmány |
| **Démocratie** | Demokrácia |
| **Discours** | Beszéd |
| **Discussion** | Vita |
| **District** | Kerület |
| **Droits** | Jogok |
| **Égalité** | Egyenlőség |
| **État** | Állam |
| **Indépendance** | Függetlenség |
| **Judiciaire** | Bírósági |
| **Justice** | Igazságosság |
| **Liberté** | Szabadság |
| **Loi** | Törvény |
| **Monument** | Emlékmű |
| **Nation** | Nemzet |
| **National** | Nemzeti |
| **Paisible** | Békés |
| **Politique** | Politika |
| **Symbole** | Szimbólum |

## Herboristerie
### Herbalism

| | |
|---|---|
| **Ail** | Fokhagyma |
| **Aromatique** | Aromás |
| **Basilic** | Bazsalikom |
| **Bénéfique** | Előnyös |
| **Culinaire** | Konyhai |
| **Estragon** | Tárkony |
| **Fenouil** | Édeskömény |
| **Fleur** | Virág |
| **Ingrédient** | Összetevő |
| **Jardin** | Kert |
| **Lavande** | Levendula |
| **Marjolaine** | Majoránna |
| **Menthe** | Menta |
| **Persil** | Petrezselyem |
| **Qualité** | Minőség |
| **Romarin** | Rozmaring |
| **Safran** | Sáfrány |
| **Saveur** | Íz |
| **Thym** | Kakukkfű |
| **Vert** | Zöld |

## Ingénierie
### Műszaki

| | |
|---|---|
| **Angle** | Szög |
| **Axe** | Tengely |
| **Calcul** | Számítás |
| **Construction** | Építés |
| **Diagramme** | Diagram |
| **Diamètre** | Átmérő |
| **Diesel** | Dízel |
| **Distribution** | Eloszlás |
| **Engrenages** | Fogaskerekek |
| **Énergie** | Energia |
| **Force** | Erő |
| **Liquide** | Folyadék |
| **Machine** | Gép |
| **Mesure** | Mérés |
| **Moteur** | Motor |
| **Profondeur** | Mélység |
| **Propulsion** | Meghajtás |
| **Rotation** | Forgás |
| **Stabilité** | Stabilitás |
| **Structure** | Szerkezet |

## Instruments de Musique
### Hangszerek

| | |
|---|---|
| **Banjo** | Bendzsó |
| **Basson** | Fagott |
| **Carillons** | Harangjáték |
| **Clarinette** | Klarinét |
| **Flûte** | Fuvola |
| **Gong** | Gong |
| **Guitare** | Gitár |
| **Harmonica** | Harmonika |
| **Harpe** | Hárfa |
| **Hautbois** | Oboa |
| **Mandoline** | Mandolin |
| **Marimba** | Marimba |
| **Piano** | Zongora |
| **Saxophone** | Szaxofon |
| **Tambour** | Dob |
| **Tambourin** | Csörgődob |
| **Trombone** | Harsona |
| **Trompette** | Trombita |
| **Violon** | Hegedű |
| **Violoncelle** | Cselló |

## Jardin
### Kert

| | |
|---|---|
| **Arbre** | Fa |
| **Banc** | Pad |
| **Buisson** | Bokor |
| **Clôture** | Kerítés |
| **Étang** | Tavacska |
| **Fleur** | Virág |
| **Garage** | Garázs |
| **Hamac** | Függőágy |
| **Herbe** | Fű |
| **Jardin** | Kert |
| **Mauvaises Herbes** | Gyomok |
| **Pelle** | Lapát |
| **Pelouse** | Gyep |
| **Râteau** | Gereblye |
| **Sol** | Talaj |
| **Terrasse** | Terasz |
| **Trampoline** | Trambulin |
| **Tuyau** | Tömlő |
| **Verger** | Gyümölcsös |
| **Vigne** | Szőlő |

## Jardinage
### Kertészkedés

| | |
|---|---|
| **Botanique** | Botanika |
| **Bouquet** | Csokor |
| **Climat** | Éghajlat |
| **Comestible** | Ehető |
| **Compost** | Komposzt |
| **Eau** | Víz |
| **Espèce** | Faj |
| **Exotique** | Egzotikus |
| **Feuillage** | Lombozat |
| **Feuille** | Levél |
| **Fleur** | Virág |
| **Floral** | Virágos |
| **Graines** | Magok |
| **Humidité** | Nedvesség |
| **Récipient** | Tartály |
| **Saisonnier** | Szezonális |
| **Saleté** | Piszok |
| **Sol** | Talaj |
| **Tuyau** | Tömlő |
| **Verger** | Gyümölcsös |

## Jazz
### Dzsessz

| | |
|---|---|
| **Album** | Album |
| **Artiste** | Művész |
| **Célèbre** | Híres |
| **Chanson** | Dal |
| **Compositeur** | Zeneszerző |
| **Composition** | Összetétel |
| **Concert** | Koncert |
| **Favoris** | Kedvencek |
| **Genre** | Műfaj |
| **Improvisation** | Improvizáció |
| **Musique** | Zene |
| **Nouveau** | Új |
| **Orchestre** | Zenekar |
| **Rythme** | Ritmus |
| **Solo** | Szóló |
| **Style** | Stílus |
| **Talent** | Tehetség |
| **Tambours** | Dobok |
| **Technique** | Technika |
| **Vieux** | Régi |

## Jours et Mois
### Napok és Hónapok

| | |
|---|---|
| **Août** | Augusztus |
| **Avril** | Április |
| **Calendrier** | Naptár |
| **Dimanche** | Vasárnap |
| **Février** | Február |
| **Janvier** | Január |
| **Jeudi** | Csütörtök |
| **Juillet** | Július |
| **Juin** | Június |
| **Lundi** | Hétfő |
| **Mardi** | Kedd |
| **Mars** | Március |
| **Mercredi** | Szerda |
| **Mois** | Hónap |
| **Novembre** | November |
| **Octobre** | Október |
| **Samedi** | Szombat |
| **Semaine** | Hét |
| **Septembre** | Szeptember |
| **Vendredi** | Péntek |

## L'Entreprise
### A Cég

| | |
|---|---|
| **Affaires** | Üzleti |
| **Créatif** | Kreatív |
| **Décision** | Döntés |
| **Global** | Globális |
| **Industrie** | Ipar |
| **Innovant** | Innovatív |
| **Investissement** | Beruházás |
| **Possibilité** | Lehetőség |
| **Présentation** | Bemutatás |
| **Produit** | Termék |
| **Professionnel** | Szakmai |
| **Progrès** | Haladás |
| **Qualité** | Minőség |
| **Ressources** | Források |
| **Revenu** | Bevétel |
| **Réputation** | Hírnév |
| **Risques** | Kockázatok |
| **Salaire** | Bér |
| **Tendances** | Trendek |
| **Unités** | Egységek |

## Les Abeilles
### Méhek

| | |
|---|---|
| **Ailes** | Szárnyak |
| **Bénéfique** | Előnyös |
| **Cire** | Viasz |
| **Diversité** | Sokféleség |
| **Essaim** | Raj |
| **Écosystème** | Ökoszisztéma |
| **Fleur** | Virág |
| **Fleurs** | Virágok |
| **Fruit** | Gyümölcs |
| **Fumée** | Füst |
| **Habitat** | Élőhely |
| **Insecte** | Rovar |
| **Jardin** | Kert |
| **Miel** | Méz |
| **Nourriture** | Élelmiszer |
| **Plantes** | Növények |
| **Pollen** | Pollen |
| **Reine** | Királynő |
| **Ruche** | Kaptár |
| **Soleil** | Nap |

## Les Médias
### A Média

| | |
|---|---|
| **Attitudes** | Attitűdök |
| **Commercial** | Kereskedelmi |
| **Communication** | Kommunikáció |
| **En Ligne** | Online |
| **Édition** | Kiadás |
| **Éducation** | Oktatás |
| **Faits** | Tények |
| **Images** | Képek |
| **Individuel** | Egyéni |
| **Industrie** | Ipar |
| **Intellectuel** | Szellemi |
| **Journaux** | Újságok |
| **Local** | Helyi |
| **Numérique** | Digitális |
| **Opinion** | Vélemény |
| **Photos** | Fotók |
| **Public** | Nyilvános |
| **Radio** | Rádió |
| **Réseau** | Hálózat |
| **Télévision** | Televízió |

## Légumes
### Zöldségfélék

| | |
|---|---|
| **Ail** | Fokhagyma |
| **Artichaut** | Articsóka |
| **Aubergine** | Padlizsán |
| **Brocoli** | Brokkoli |
| **Carotte** | Sárgarépa |
| **Céleri** | Zeller |
| **Champignon** | Gomba |
| **Citrouille** | Tök |
| **Concombre** | Uborka |
| **Échalote** | Mogyoróhagyma |
| **Épinard** | Spenót |
| **Gingembre** | Gyömbér |
| **Navet** | Fehérrépa |
| **Oignon** | Hagyma |
| **Olive** | Olajbogyó |
| **Persil** | Petrezselyem |
| **Pois** | Borsó |
| **Radis** | Retek |
| **Salade** | Saláta |
| **Tomate** | Paradicsom |

## Littérature
### Irodalom

| | |
|---|---|
| **Analogie** | Analógia |
| **Analyse** | Elemzés |
| **Anecdote** | Anekdota |
| **Auteur** | Szerző |
| **Biographie** | Életrajz |
| **Conclusion** | Következtetés |
| **Description** | Leírás |
| **Dialogue** | Párbeszéd |
| **Fiction** | Fikció |
| **Métaphore** | Metafora |
| **Narrateur** | Narrátor |
| **Opinion** | Vélemény |
| **Poème** | Vers |
| **Poétique** | Költői |
| **Rime** | Rím |
| **Roman** | Regény |
| **Rythme** | Ritmus |
| **Style** | Stílus |
| **Thème** | Téma |
| **Tragédie** | Tragédia |

## Livres
### Könyvek

| | |
|---|---|
| **Auteur** | Szerző |
| **Aventure** | Kaland |
| **Collection** | Gyűjtemény |
| **Contexte** | Kontextus |
| **Dualité** | Kettősség |
| **Épique** | Epikus |
| **Histoire** | Történet |
| **Historique** | Történelmi |
| **Humoristique** | Tréfás |
| **Inventif** | Találékony |
| **Lecteur** | Olvasó |
| **Littéraire** | Irodalmi |
| **Narrateur** | Narrátor |
| **Page** | Oldal |
| **Pertinent** | Ide Vonatkozó |
| **Poème** | Vers |
| **Poésie** | Költészet |
| **Roman** | Regény |
| **Série** | Sorozat |
| **Tragique** | Tragikus |

## Maison
### Ház

| | |
|---|---|
| **Balai** | Seprű |
| **Bibliothèque** | Könyvtár |
| **Chambre** | Szoba |
| **Cheminée** | Kandalló |
| **Clés** | Kulcsok |
| **Clôture** | Kerítés |
| **Cuisine** | Konyha |
| **Douche** | Zuhany |
| **Fenêtre** | Ablak |
| **Garage** | Garázs |
| **Grenier** | Padlás |
| **Jardin** | Kert |
| **Lampe** | Lámpa |
| **Miroir** | Tükör |
| **Mur** | Fal |
| **Plafond** | Mennyezet |
| **Porte** | Ajtó |
| **Rideaux** | Függönyök |
| **Tapis** | Szőnyeg |
| **Toit** | Tető |

## Maladie
### Betegség

| | |
|---|---|
| **Abdominal** | Hasi |
| **Allergies** | Allergia |
| **Bien-Être** | Wellness |
| **Chronique** | Krónikus |
| **Contagieux** | Fertőző |
| **Corps** | Test |
| **Cœur** | Szív |
| **Faible** | Gyenge |
| **Génétique** | Genetikai |
| **Héréditaire** | Örökletes |
| **Immunité** | Immunitás |
| **Inflammation** | Gyulladás |
| **Lombaire** | Ágyéki |
| **Neuropathie** | Neuropátia |
| **Os** | Csontok |
| **Pulmonaire** | Tüdő |
| **Respiratoire** | Légzés |
| **Santé** | Egészség |
| **Syndrome** | Szindróma |
| **Thérapie** | Terápia |

## Mammifères
### Emlősök

| | |
|---|---|
| **Baleine** | Bálna |
| **Chat** | Macska |
| **Cheval** | Ló |
| **Chien** | Kutya |
| **Coyote** | Prérifarkas |
| **Dauphin** | Delfin |
| **Éléphant** | Elefánt |
| **Girafe** | Zsiráf |
| **Gorille** | Gorilla |
| **Kangourou** | Kenguru |
| **Lapin** | Nyúl |
| **Lion** | Oroszlán |
| **Loup** | Farkas |
| **Mouton** | Juh |
| **Ours** | Medve |
| **Renard** | Róka |
| **Singe** | Majom |
| **Taureau** | Bika |
| **Tigre** | Tigris |
| **Zèbre** | Zebra |

## Mathématiques
### Matematika

| | |
|---|---|
| **Angles** | Szögek |
| **Arithmétique** | Számtan |
| **Carré** | Négyzet |
| **Décimal** | Tizedes |
| **Diamètre** | Átmérő |
| **Exposant** | Kitevő |
| **Équation** | Egyenlet |
| **Fraction** | Töredék |
| **Géométrie** | Geometria |
| **Nombres** | Számok |
| **Parallèle** | Párhuzamos |
| **Perpendiculaire** | Merőleges |
| **Périmètre** | Kerület |
| **Polygone** | Poligon |
| **Rayon** | Sugár |
| **Rectangle** | Téglalap |
| **Somme** | Összeg |
| **Sphère** | Gömb |
| **Symétrie** | Szimmetria |
| **Triangle** | Háromszög |

## Mesures
### Mérések

| | |
|---|---|
| **Centimètre** | Centiméter |
| **Degré** | Fokozat |
| **Décimal** | Tizedes |
| **Gramme** | Gramm |
| **Hauteur** | Magasság |
| **Kilogramme** | Kilogramm |
| **Kilomètre** | Kilométer |
| **Largeur** | Szélesség |
| **Litre** | Liter |
| **Longueur** | Hossz |
| **Masse** | Tömeg |
| **Mètre** | Mérő |
| **Minute** | Perc |
| **Octet** | Bájt |
| **Once** | Uncia |
| **Pinte** | Pint |
| **Poids** | Súly |
| **Pouce** | Hüvelyk |
| **Profondeur** | Mélység |
| **Tonne** | Tonna |

## Méditation
### Elmélkedés

| | |
|---|---|
| **Acceptation** | Elfogadás |
| **Attention** | Figyelem |
| **Calme** | Nyugodt |
| **Clarté** | Világosság |
| **Compassion** | Együttérzés |
| **Émotions** | Érzelmek |
| **Éveillé** | Ébren |
| **Gentillesse** | Kedvesség |
| **Gratitude** | Hála |
| **Habitudes** | Szokások |
| **Mental** | Mentális |
| **Mouvement** | Mozgás |
| **Musique** | Zene |
| **Nature** | Természet |
| **Observation** | Megfigyelés |
| **Paix** | Béke |
| **Perspective** | Perspektíva |
| **Posture** | Testtartás |
| **Respiration** | Légzés |
| **Silence** | Csend |

## Mode
### Divat

| | |
|---|---|
| **Abordable** | Megfizethető |
| **Boutique** | Butik |
| **Boutons** | Gombok |
| **Broderie** | Hímzés |
| **Cher** | Drága |
| **Dentelle** | Csipke |
| **Élégant** | Elegáns |
| **Minimaliste** | Minimalista |
| **Moderne** | Modern |
| **Modeste** | Szerény |
| **Modèle** | Minta |
| **Original** | Eredeti |
| **Pratique** | Gyakorlati |
| **Simple** | Egyszerű |
| **Sophistiqué** | Kifinomult |
| **Style** | Stílus |
| **Tendance** | Irányzat |
| **Texture** | Textúra |
| **Tissu** | Szövet |
| **Vêtements** | Ruházat |

## Musique
### Zene

| | |
|---|---|
| **Album** | Album |
| **Ballade** | Ballada |
| **Chanter** | Énekel |
| **Chanteur** | Énekes |
| **Classique** | Klasszikus |
| **Enregistrement** | Felvétel |
| **Harmonie** | Harmónia |
| **Harmonique** | Harmonikus |
| **Instrument** | Eszköz |
| **Lyrique** | Lírai |
| **Mélodie** | Dallam |
| **Microphone** | Mikrofon |
| **Musical** | Zenei |
| **Musicien** | Zenész |
| **Opéra** | Opera |
| **Poétique** | Költői |
| **Rythme** | Ritmus |
| **Rythmique** | Ritmikus |
| **Tempo** | Tempó |
| **Vocal** | Ének |

## Mythologie
### Mitológia

| | |
|---|---|
| **Archétype** | Archetípus |
| **Catastrophe** | Katasztrófa |
| **Comportement** | Viselkedés |
| **Création** | Teremtés |
| **Créature** | Teremtmény |
| **Croyances** | Hiedelmek |
| **Culture** | Kultúra |
| **Éclair** | Villám |
| **Force** | Erő |
| **Guerrier** | Harcos |
| **Héroïne** | Hősnő |
| **Héros** | Hős |
| **Jalousie** | Féltékenység |
| **Labyrinthe** | Labirintus |
| **Légende** | Legenda |
| **Magique** | Mágikus |
| **Monstre** | Szörny |
| **Mortel** | Halandó |
| **Tonnerre** | Mennydörgés |
| **Vengeance** | Bosszú |

## Nature
### Természet

| | |
|---|---|
| **Abeilles** | Méhek |
| **Abri** | Menedék |
| **Animaux** | Állatok |
| **Arctique** | Sarkvidéki |
| **Beauté** | Szépség |
| **Brouillard** | Köd |
| **Désert** | Sivatag |
| **Dynamique** | Dinamikus |
| **Érosion** | Erózió |
| **Feuillage** | Lombozat |
| **Fleuve** | Folyó |
| **Forêt** | Erdő |
| **Glacier** | Gleccser |
| **Nuage** | Felhők |
| **Paisible** | Békés |
| **Sanctuaire** | Szentély |
| **Sauvage** | Vad |
| **Serein** | Derűs |
| **Tropical** | Trópusi |
| **Vital** | Létfontosságú |

## Nombres
### Számok

| | |
|---|---|
| **Cinq** | Öt |
| **Deux** | Kettő |
| **Décimal** | Tizedes |
| **Dix** | Tíz |
| **Dix-Huit** | Tizennyolc |
| **Dix-Neuf** | Tizenkilenc |
| **Dix-Sept** | Tizenhét |
| **Douze** | Tizenkettő |
| **Huit** | Nyolc |
| **Neuf** | Kilenc |
| **Quatorze** | Tizennégy |
| **Quatre** | Négy |
| **Quinze** | Tizenöt |
| **Seize** | Tizenhat |
| **Sept** | Hét |
| **Six** | Hat |
| **Treize** | Tizenhárom |
| **Trois** | Három |
| **Vingt** | Húsz |
| **Zéro** | Nulla |

## Nourriture #1
### Élelmiszer #1

| | |
|---|---|
| **Ail** | Fokhagyma |
| **Basilic** | Bazsalikom |
| **Café** | Kávé |
| **Cannelle** | Fahéj |
| **Carotte** | Sárgarépa |
| **Citron** | Citrom |
| **Épinard** | Spenót |
| **Fraise** | Eper |
| **Jus** | Gyümölcslé |
| **Lait** | Tej |
| **Navet** | Fehérrépa |
| **Oignon** | Hagyma |
| **Orge** | Árpa |
| **Poire** | Körte |
| **Salade** | Saláta |
| **Sel** | Só |
| **Soupe** | Leves |
| **Sucre** | Cukor |
| **Thon** | Tonhal |
| **Viande** | Hús |

## Nourriture #2
### Élelmiszer # 2

| | |
|---|---|
| **Amande** | Mandula |
| **Aubergine** | Padlizsán |
| **Banane** | Banán |
| **Blé** | Búza |
| **Brocoli** | Brokkoli |
| **Cerise** | Cseresznye |
| **Céleri** | Zeller |
| **Champignon** | Gomba |
| **Chocolat** | Csokoládé |
| **Jambon** | Sonka |
| **Kiwi** | Kivi |
| **Mangue** | Mangó |
| **Oeuf** | Tojás |
| **Pain** | Kenyér |
| **Poisson** | Hal |
| **Pomme** | Alma |
| **Poulet** | Csirke |
| **Raisin** | Szőlő |
| **Riz** | Rizs |
| **Tomate** | Paradicsom |

## Nutrition
### Teljesítmény

| | |
|---|---|
| **Amer** | Keserű |
| **Appétit** | Étvágy |
| **Calories** | Kalória |
| **Comestible** | Ehető |
| **Diète** | Diéta |
| **Digestion** | Emésztés |
| **Épices** | Fűszerek |
| **Fermentation** | Erjesztés |
| **Glucides** | Szénhidrátok |
| **Ingrédients** | Összetevők |
| **Liquides** | Folyadékok |
| **Poids** | Súly |
| **Protéines** | Fehérjék |
| **Qualité** | Minőség |
| **Sain** | Egészséges |
| **Santé** | Egészség |
| **Sauce** | Szósz |
| **Saveur** | Íz |
| **Toxine** | Toxin |
| **Vitamine** | Vitamin |

## Océan
### Óceán

| | |
|---|---|
| **Algue** | Hínár |
| **Anguille** | Angolna |
| **Baleine** | Bálna |
| **Bateau** | Hajó |
| **Corail** | Korall |
| **Crabe** | Rák |
| **Crevette** | Garnélarák |
| **Dauphin** | Delfin |
| **Éponge** | Szivacs |
| **Huître** | Osztriga |
| **Méduse** | Medúza |
| **Poisson** | Hal |
| **Poulpe** | Polip |
| **Requin** | Cápa |
| **Récif** | Zátony |
| **Sel** | Só |
| **Tempête** | Vihar |
| **Thon** | Tonhal |
| **Tortue** | Teknős |
| **Vagues** | Hullámok |

## Oiseaux
### Madarak

| | |
|---|---|
| **Aigle** | Sas |
| **Autruche** | Strucc |
| **Canard** | Kacsa |
| **Cigogne** | Gólya |
| **Colombe** | Galamb |
| **Corbeau** | Varjú |
| **Coucou** | Kakukk |
| **Cygne** | Hattyú |
| **Flamant** | Flamingó |
| **Héron** | Gém |
| **Manchot** | Pingvin |
| **Moineau** | Veréb |
| **Mouette** | Sirály |
| **Oeuf** | Tojás |
| **Oie** | Liba |
| **Paon** | Páva |
| **Perroquet** | Papagáj |
| **Pélican** | Pelikán |
| **Poulet** | Csirke |
| **Toucan** | Tukán |

## Pays #1
### Országok #1

| | |
|---|---|
| **Afghanistan** | Afganisztán |
| **Allemagne** | Németország |
| **Argentine** | Argentína |
| **Brésil** | Brazília |
| **Canada** | Kanada |
| **Espagne** | Spanyolország |
| **Équateur** | Ecuador |
| **Finlande** | Finnország |
| **Inde** | India |
| **Israël** | Izrael |
| **Italie** | Olaszország |
| **Libye** | Líbia |
| **Mali** | Mali |
| **Maroc** | Marokkó |
| **Nicaragua** | Nicaragua |
| **Norvège** | Norvégia |
| **Panama** | Panama |
| **Pologne** | Lengyelország |
| **Roumanie** | Románia |
| **Venezuela** | Venezuela |

## Pays #2
### Országok #2

| | |
|---|---|
| **Albanie** | Albánia |
| **Chine** | Kína |
| **Danemark** | Dánia |
| **France** | Franciaország |
| **Haïti** | Haiti |
| **Indonésie** | Indonézia |
| **Irlande** | Írország |
| **Jamaïque** | Jamaica |
| **Japon** | Japán |
| **Kenya** | Kenya |
| **Laos** | Laosz |
| **Liban** | Libanon |
| **Mexique** | Mexikó |
| **Ouganda** | Uganda |
| **Pakistan** | Pakisztán |
| **Russie** | Oroszország |
| **Somalie** | Szomália |
| **Soudan** | Szudán |
| **Syrie** | Szíria |
| **Ukraine** | Ukrajna |

## Paysages
### Tájképek

| | |
|---|---|
| **Cascade** | Vízesés |
| **Colline** | Domb |
| **Désert** | Sivatag |
| **Estuaire** | Torkolat |
| **Fleuve** | Folyó |
| **Geyser** | Gejzír |
| **Glacier** | Gleccser |
| **Grotte** | Barlang |
| **Iceberg** | Jéghegy |
| **Île** | Sziget |
| **Lac** | Tó |
| **Marais** | Mocsár |
| **Mer** | Tenger |
| **Montagne** | Hegy |
| **Oasis** | Oázis |
| **Péninsule** | Félsziget |
| **Plage** | Strand |
| **Toundra** | Tundra |
| **Vallée** | Völgy |
| **Volcan** | Vulkán |

## Philanthropie
### Filantrópia

| | |
|---|---|
| **Besoin** | Szükség |
| **Buts** | Célok |
| **Charité** | Jótékonyság |
| **Communauté** | Közösség |
| **Contacts** | Kapcsolatok |
| **Défis** | Kihívások |
| **Enfants** | Gyermekek |
| **Finance** | Pénzügy |
| **Fonds** | Alapok |
| **Gens** | Emberek |
| **Générosité** | Nagylelkűség |
| **Global** | Globális |
| **Groupes** | Csoportok |
| **Histoire** | Történelem |
| **Honnêteté** | Őszinteség |
| **Humanité** | Emberiség |
| **Jeunesse** | Ifjúság |
| **Mission** | Küldetés |
| **Programmes** | Programok |
| **Public** | Nyilvános |

## Physique
### Fizika

| | |
|---|---|
| Accélération | Gyorsulás |
| Atome | Atom |
| Chaos | Káosz |
| Chimique | Kémiai |
| Densité | Sűrűség |
| Électron | Elektron |
| Formule | Képlet |
| Fréquence | Frekvencia |
| Gaz | Gáz |
| Gravité | Gravitáció |
| Magnétisme | Mágnesesség |
| Masse | Tömeg |
| Mécanique | Mechanika |
| Molécule | Molekula |
| Moteur | Motor |
| Nucléaire | Nukleáris |
| Particule | Részecske |
| Relativité | Relativitás |
| Universel | Egyetemes |
| Vitesse | Sebesség |

## Plantes
### Növények

| | |
|---|---|
| Arbre | Fa |
| Baie | Bogyó |
| Bambou | Bambusz |
| Botanique | Botanika |
| Buisson | Bokor |
| Cactus | Kaktusz |
| Engrais | Trágya |
| Feuillage | Lombozat |
| Fleur | Virág |
| Flore | Növényvilág |
| Forêt | Erdő |
| Grandir | Nő |
| Haricot | Bab |
| Herbe | Fű |
| Jardin | Kert |
| Lierre | Borostyán |
| Mousse | Moha |
| Pétale | Szirom |
| Racine | Gyökér |
| Végétation | Növényzet |

## Professions #1
### Foglalkozások #1

| | |
|---|---|
| Ambassadeur | Nagykövet |
| Artiste | Művész |
| Astronome | Csillagász |
| Avocat | Ügyvéd |
| Banquier | Bankár |
| Bijoutier | Ékszerész |
| Cartographe | Térképész |
| Chasseur | Vadász |
| Danseur | Táncos |
| Entraîneur | Edző |
| Éditeur | Szerkesztő |
| Géologue | Geológus |
| Infirmière | Ápoló |
| Médecin | Orvos |
| Musicien | Zenész |
| Pianiste | Zongorista |
| Pompier | Tűzoltó |
| Psychologue | Pszichológus |
| Scientifique | Tudós |
| Vétérinaire | Állatorvos |

## Professions #2
### Foglalkozások #2

| | |
|---|---|
| Astronaute | Űrhajós |
| Bibliothécaire | Könyvtáros |
| Biologiste | Biológus |
| Chercheur | Kutató |
| Chirurgien | Sebész |
| Dentiste | Fogorvos |
| Détective | Nyomozó |
| Enseignant | Tanár |
| Illustrateur | Illusztrátor |
| Ingénieur | Mérnök |
| Inventeur | Feltaláló |
| Jardinier | Kertész |
| Journaliste | Újságíró |
| Linguiste | Nyelvész |
| Médecin | Orvos |
| Peintre | Festő |
| Philosophe | Filozófus |
| Photographe | Fotós |
| Pilote | Pilóta |
| Zoologiste | Zoológus |

## Psychologie
### Pszichológia

| | |
|---|---|
| Clinique | Klinikai |
| Comportement | Viselkedés |
| Conflit | Konfliktus |
| Ego | Én |
| Enfance | Gyermekkor |
| Expériences | Tapasztalatok |
| Émotions | Érzelmek |
| Évaluation | Értékelés |
| Idées | Ötletek |
| Inconscient | Eszméletlen |
| Influences | Befolyások |
| Pensées | Gondolatok |
| Perception | Észlelés |
| Personnalité | Személyiség |
| Problème | Probléma |
| Réalité | Valóság |
| Rêves | Álmok |
| Sensation | Szenzáció |
| Subconscient | Tudatalatti |
| Thérapie | Terápia |

## Randonnée
### Túrázás

| | |
|---|---|
| Animaux | Állatok |
| Bottes | Csizma |
| Camping | Kemping |
| Carte | Térkép |
| Climat | Éghajlat |
| Dangers | Veszélyek |
| Eau | Víz |
| Falaise | Szikla |
| Fatigué | Fáradt |
| Guides | Útmutatók |
| Lourd | Nehéz |
| Météo | Időjárás |
| Montagne | Hegy |
| Nature | Természet |
| Orientation | Orientáció |
| Parcs | Parkok |
| Pierres | Kövek |
| Préparation | Előkészítés |
| Sauvage | Vad |
| Soleil | Nap |

## Remplir
### Töltse Ki

| | |
|---|---|
| Baignoire | Kád |
| Baril | Hordó |
| Boîte | Doboz |
| Bouteille | Üveg |
| Caisse | Láda |
| Carton | Karton |
| Dossier | Mappa |
| Enveloppe | Boríték |
| Navire | Hajó |
| Panier | Kosár |
| Paquet | Csomag |
| Plateau | Tálca |
| Poche | Zseb |
| Pot | Korsó |
| Sac | Táska |
| Seau | Vödör |
| Tiroir | Fiók |
| Tube | Cső |
| Valise | Bőrönd |
| Vase | Váza |

## Restaurant #2
### Étterem #2

| | |
|---|---|
| Boisson | Ital |
| Chaise | Szék |
| Cuillère | Kanál |
| Déjeuner | Ebéd |
| Délicieux | Finom |
| Dîner | Vacsora |
| Eau | Víz |
| Épices | Fűszerek |
| Fourchette | Villa |
| Fruit | Gyümölcs |
| Gâteau | Torta |
| Glace | Jég |
| Légumes | Zöldségek |
| Nouilles | Tészta |
| Oeuf | Tojás |
| Poisson | Hal |
| Salade | Saláta |
| Sel | Só |
| Serveur | Pincér |
| Soupe | Leves |

## Réchauffement Climatique
### A Globális Felmelegedés

| | |
|---|---|
| Arctique | Sarkvidéki |
| Attention | Figyelem |
| Changements | Változások |
| Climat | Éghajlat |
| Crise | Válság |
| Développement | Fejlődés |
| Données | Adat |
| Environnemental | Környezeti |
| Énergie | Energia |
| Futur | Jövő |
| Gaz | Gáz |
| Générations | Generációk |
| Gouvernement | Kormány |
| Industrie | Ipar |
| International | Nemzetközi |
| Législation | Jogszabályok |
| Maintenant | Most |
| Populations | Populációk |
| Scientifique | Tudós |
| Températures | Hőmérséklet |

## Santé et Bien-Être #1
### Egészség és Wellness #1

| | |
|---|---|
| Actif | Aktív |
| Bactéries | Baktériumok |
| Blessure | Sérülés |
| Clinique | Klinika |
| Faim | Éhség |
| Fracture | Törés |
| Habitude | Szokás |
| Hauteur | Magasság |
| Hormone | Hormonok |
| Médecin | Orvos |
| Médicament | Orvosság |
| Muscles | Izmok |
| Os | Csontok |
| Peau | Bőr |
| Pharmacie | Gyógyszertár |
| Posture | Testtartás |
| Réflexe | Reflex |
| Thérapie | Terápia |
| Traitement | Kezelés |
| Virus | Vírus |

## Santé et Bien-Être #2
### Egészség és Wellness #2

| | |
|---|---|
| Allergie | Allergia |
| Anatomie | Anatómia |
| Appétit | Étvágy |
| Calorie | Kalória |
| Corps | Test |
| Déshydratation | Kiszáradás |
| Énergie | Energia |
| Génétique | Genetika |
| Hôpital | Kórház |
| Hygiène | Higiénia |
| Infection | Fertőzés |
| Maladie | Betegség |
| Massage | Masszázs |
| Nutrition | Táplálkozás |
| Poids | Súly |
| Récupération | Felépülés |
| Sain | Egészséges |
| Sang | Vér |
| Stress | Stressz |
| Vitamine | Vitamin |

## Science
### Tudomány

| | |
|---|---|
| Atome | Atom |
| Chimique | Kémiai |
| Climat | Éghajlat |
| Données | Adat |
| Expérience | Kísérlet |
| Évolution | Evolúció |
| Fait | Tény |
| Fossile | Fosszilis |
| Gravité | Gravitáció |
| Hypothèse | Hipotézis |
| Laboratoire | Laboratórium |
| Méthode | Módszer |
| Molécules | Molekulák |
| Nature | Természet |
| Observation | Megfigyelés |
| Organisme | Szervezet |
| Particules | Részecskék |
| Physique | Fizika |
| Plantes | Növények |
| Scientifique | Tudós |

## Science-Fiction
### Sci-Fi

| | |
|---|---|
| **Atomique** | Atomi |
| **Cinéma** | Mozi |
| **Explosion** | Robbanás |
| **Extrême** | Szélsőséges |
| **Fantastique** | Fantasztikus |
| **Feu** | Tűz |
| **Futuriste** | Futurisztikus |
| **Galaxie** | Galaxis |
| **Illusion** | Illúzió |
| **Imaginaire** | Képzeletbeli |
| **Livres** | Könyvek |
| **Monde** | Világ |
| **Mystérieux** | Rejtélyes |
| **Oracle** | Jóslat |
| **Planète** | Bolygó |
| **Réaliste** | Reális |
| **Robots** | Robotok |
| **Scénario** | Forgatókönyv |
| **Technologie** | Technológia |
| **Utopie** | Utópia |

## Sport
### Sport

| | |
|---|---|
| **Athlète** | Atléta |
| **Capacité** | Képesség |
| **Corps** | Test |
| **Cyclisme** | Kerékpározás |
| **Danse** | Tánc |
| **Diète** | Diéta |
| **Endurance** | Kitartás |
| **Entraîneur** | Edző |
| **Force** | Erő |
| **Jogging** | Kocogás |
| **Maximiser** | Maximalizálás |
| **Métabolique** | Metabolikus |
| **Muscles** | Izmok |
| **Nager** | Úszni |
| **Nutrition** | Táplálkozás |
| **Objectif** | Cél |
| **Os** | Csontok |
| **Programme** | Program |
| **Santé** | Egészség |
| **Sports** | Sport |

## Technologie
### Technológia

| | |
|---|---|
| **Affichage** | Kijelző |
| **Blog** | Blog |
| **Caméra** | Kamera |
| **Curseur** | Kurzor |
| **Données** | Adat |
| **Écran** | Képernyő |
| **Fichier** | Fájl |
| **Internet** | Internet |
| **Logiciel** | Szoftver |
| **Message** | Üzenet |
| **Navigateur** | Böngésző |
| **Numérique** | Digitális |
| **Octets** | Bájt |
| **Ordinateur** | Számítógép |
| **Police** | Betűtípus |
| **Recherche** | Kutatás |
| **Sécurité** | Biztonság |
| **Statistiques** | Statisztika |
| **Virtuel** | Virtuális |
| **Virus** | Vírus |

## Temps
### Idő

| | |
|---|---|
| **Année** | Év |
| **Annuel** | Éves |
| **Après** | Után |
| **Aujourd'Hui** | Ma |
| **Avant** | Előtt |
| **Bientôt** | Hamar |
| **Calendrier** | Naptár |
| **Décennie** | Évtized |
| **Futur** | Jövő |
| **Heure** | Óra |
| **Hier** | Tegnap |
| **Jour** | Nap |
| **Maintenant** | Most |
| **Matin** | Reggel |
| **Midi** | Dél |
| **Minute** | Perc |
| **Mois** | Hónap |
| **Nuit** | Éjszaka |
| **Semaine** | Hét |
| **Siècle** | Század |

## Types de Cheveux
### Haj Típusok

| | |
|---|---|
| **Argent** | Ezüst |
| **Blanc** | Fehér |
| **Blond** | Szőke |
| **Boucles** | Fürtök |
| **Brillant** | Fényes |
| **Chauve** | Kopasz |
| **Coloré** | Színes |
| **Court** | Rövid |
| **Doux** | Puha |
| **Épais** | Vastag |
| **Frisé** | Göndör |
| **Gris** | Szürke |
| **Long** | Hosszú |
| **Marron** | Barna |
| **Mince** | Vékony |
| **Noir** | Fekete |
| **Ondulé** | Hullámos |
| **Sain** | Egészséges |
| **Sec** | Száraz |
| **Tressé** | Fonott |

## Univers
### Világegyetem

| | |
|---|---|
| **Astéroïde** | Aszteroida |
| **Astronome** | Csillagász |
| **Astronomie** | Csillagászat |
| **Atmosphère** | Légkör |
| **Ciel** | Ég |
| **Cosmique** | Kozmikus |
| **Équateur** | Egyenlítő |
| **Galaxie** | Galaxis |
| **Hémisphère** | Félteke |
| **Horizon** | Horizont |
| **Latitude** | Szélesség |
| **Longitude** | Hosszúság |
| **Lune** | Hold |
| **Obscurité** | Sötétség |
| **Orbite** | Pálya |
| **Solaire** | Nap |
| **Solstice** | Napforduló |
| **Télescope** | Távcső |
| **Visible** | Látható |
| **Zodiaque** | Állatöv |

## Vacances #2
### Nyaralás #2

| | |
|---|---|
| Aéroport | Repülőtér |
| Camping | Kemping |
| Carte | Térkép |
| Étranger | Külföldi |
| Hôtel | Szálloda |
| Île | Sziget |
| Loisir | Szabadidő |
| Mer | Tenger |
| Passeport | Útlevél |
| Photos | Fotók |
| Plage | Strand |
| Restaurant | Étterem |
| Réservations | Foglalások |
| Taxi | Taxi |
| Tente | Sátor |
| Train | Vonat |
| Transport | Szállítás |
| Vacances | Nyaralás |
| Visa | Vízum |
| Voyage | Utazás |

## Véhicules
### Járművek

| | |
|---|---|
| Ambulance | Mentőautó |
| Avion | Repülőgép |
| Bateau | Hajó |
| Bus | Busz |
| Camion | Kamion |
| Caravane | Lakókocsi |
| Ferry | Komp |
| Fusée | Rakéta |
| Hélicoptère | Helikopter |
| Métro | Metró |
| Moteur | Motor |
| Pneus | Gumik |
| Radeau | Tutaj |
| Scooter | Robogó |
| Taxi | Taxi |
| Tracteur | Traktor |
| Train | Vonat |
| Van | Furgon |
| Vélo | Kerékpár |
| Voiture | Autó |

## Vêtements
### Ruházat

| | |
|---|---|
| Bracelet | Karkötő |
| Ceinture | Öv |
| Chapeau | Kalap |
| Chaussure | Cipő |
| Chemise | Ing |
| Chemisier | Blúz |
| Collier | Nyaklánc |
| Foulard | Sál |
| Gants | Kesztyű |
| Jeans | Farmer |
| Jupe | Szoknya |
| Manteau | Kabát |
| Mode | Divat |
| Pantalon | Nadrág |
| Pull | Pulóver |
| Pyjama | Pizsama |
| Robe | Ruha |
| Sandales | Szandál |
| Tablier | Kötény |
| Veste | Dzseki |

## Ville
### Város

| | |
|---|---|
| Aéroport | Repülőtér |
| Banque | Bank |
| Bibliothèque | Könyvtár |
| Boulangerie | Pékség |
| Cinéma | Mozi |
| Clinique | Klinika |
| École | Iskola |
| Fleuriste | Virágárus |
| Galerle | Galéria |
| Hôtel | Szálloda |
| Librairie | Könyvesbolt |
| Marché | Piac |
| Musée | Múzeum |
| Pharmacie | Gyógyszertár |
| Restaurant | Étterem |
| Stade | Stadion |
| Supermarché | Szupermarket |
| Théâtre | Színház |
| Université | Egyetem |
| Zoo | Állatkert |

# Félicitations

**Vous avez réussi !**

Nous espérons que vous avez apprécié ce livre autant que nous avons pris plaisir à le concevoir. Nous faisons de notre mieux pour créer des livres de la meilleure qualité possible.
Cette édition est conçue pour permettre un apprentissage intelligent et de qualité en se divertissant !

Vous avez aimé ce livre ?

-------

Une Simple Demande

Nos livres existent grâce aux avis que vous publiez. Pourriez-vous nous aider en laissant un avis maintenant ?

Voici un lien rapide qui vous mènera à votre page d'évaluation de vos commandes :

BestBooksActivity.com/Avis50

# CHALLENGE FINAL !

## Défi n°1

Êtes-vous prêt pour votre jeu bonus ? Nous les utilisons tout le temps mais ils ne sont pas si faciles à trouver. Voici les **Synonymes** !

Notez 5 mots que vous avez trouvés dans les puzzles notés ci-dessous (n°21, n°36, n°76) et essayez de trouver 2 synonymes pour chaque mot.

### Notez 5 Mots du **Puzzle 21**

| Mots | Synonyme 1 | Synonyme 2 |
|------|------------|------------|
|      |            |            |
|      |            |            |
|      |            |            |
|      |            |            |
|      |            |            |

### Notez 5 Mots du **Puzzle 36**

| Mots | Synonyme 1 | Synonyme 2 |
|------|------------|------------|
|      |            |            |
|      |            |            |
|      |            |            |
|      |            |            |
|      |            |            |

### Notez 5 Mots du **Puzzle 76**

| Mots | Synonyme 1 | Synonyme 2 |
|------|------------|------------|
|      |            |            |
|      |            |            |
|      |            |            |
|      |            |            |
|      |            |            |

# Défi n°2

Maintenant que vous vous êtes échauffé, notez 5 mots que vous avez découverts dans les Puzzles n° 9, n° 17, n° 25 et essayez de trouver 2 antonymes pour chaque mot. Combien pouvez-vous en trouver en 20 minutes ?

### Notez 5 Mots du **Puzzle 9**

| Mots | Antonyme 1 | Antonyme 2 |
|------|------------|------------|
|      |            |            |
|      |            |            |
|      |            |            |
|      |            |            |
|      |            |            |

### Notez 5 Mots du **Puzzle 17**

| Mots | Antonyme 1 | Antonyme 2 |
|------|------------|------------|
|      |            |            |
|      |            |            |
|      |            |            |
|      |            |            |
|      |            |            |

### Notez 5 Mots du **Puzzle 25**

| Mots | Antonyme 1 | Antonyme 2 |
|------|------------|------------|
|      |            |            |
|      |            |            |
|      |            |            |
|      |            |            |
|      |            |            |

# Défi n°3

Formidable ! Ce défi final n'est rien pour vous.

Prêt pour le dernier défi ? Choisissez 10 mots que vous avez découverts parmi les différents puzzles et notez-les ci-dessous.

| | |
|---|---|
| 1. | 6. |
| 2. | 7. |
| 3. | 8. |
| 4. | 9. |
| 5. | 10. |

Maintenant, composez un texte en pensant à une personne, un animal ou un lieu que vous aimez !

Astuce: Vous pouvez utiliser la dernière page de ce livre comme brouillon !

## Votre Composition :

_____

_____

_____

_____

_____

_____

_____

# CARNET DE NOTES :

# À TRÈS BIENTÔT !

*Toute l'équipe*

# DECOUVREZ DES JEUX GRATUITS

## GO

↓

**BESTACTIVITYBOOKS.COM/FREEGAMES**